基于稀土纳米晶开展
荧光成像和光动力治疗的研究

张佳音 著

哈尔滨工业大学出版社

内 容 简 介

本书以增强生物荧光成像的对比度实现影像指导的光动力治疗为目标,详细阐述了生物荧光成像和光动力治疗领域的研究现状,以稀土掺杂氟化物纳米晶为基础,深入研究稀土离子发光机制,从稀土纳米晶的结构设计、光谱设计入手调制荧光,提高荧光效率,为实现高对比度的生物荧光成像奠定基础。本书进一步提出了一种高效近红外激发无机光敏剂 $NaYbF_4$ 纳米晶,针对这种光敏剂的光学特性展开研究,优化活性氧产率,增强光敏活性,并用其进行活体实验研究。

本书适用于相关领域的科研人员参考,也适用于生物荧光成像和光动力治疗的兴趣爱好者阅读。

图书在版编目(CIP)数据

基于稀土纳米晶开展荧光成像和光动力治疗的研究/张佳音著.—哈尔滨:哈尔滨工业大学出版社,2019.5(2024.6重印)
ISBN 978-7-5603-8274-6

Ⅰ.①基⋯ Ⅱ.①张⋯ Ⅲ.①稀土族-晶体-纳米材料-研究 Ⅳ.①TB383

中国版本图书馆 CIP 数据核字(2019)第 101743 号

策划编辑	张凤涛
责任编辑	李春光 杨 硕
装帧设计	博鑫设计
出版发行	哈尔滨工业大学出版社
社　　址	哈尔滨市南岗区复华四道街10号 邮编150006
传　　真	0451-86414749
网　　址	http://hitpress.hit.edu.cn
印　　刷	哈尔滨博奇印刷有限公司
开　　本	787mm×1092mm 1/16 印张7 字数160千字
版　　次	2019年5月第1版 2024年6月第2次印刷
书　　号	ISBN 978-7-5603-8274-6
定　　价	78.00元

(如因印装质量问题影响阅读,我社负责调换)

前　言

近些年,稀土纳米晶在生物荧光成像和光动力治疗等医学领域被广泛研究,主要是因为稀土纳米晶具有近红外光激发、无光漂白、无光闪烁、自体荧光少、光损伤小、光谱丰富、谱带窄等特点。基于稀土上转换纳米晶结合的光敏剂(Upconversion Nanocrystal-Photosensitizer, UCNC – PS)来开展光动力治疗是稀土纳米晶在医学领域的主要应用,因为稀土上转换纳米晶的引入可将激发光转移到近红外区,有望实现深组织实体瘤的治疗。然而,UCNC-PS在应用中还存在活性氧产生效率低、激发光功率密度高、治疗效果可控性差等问题。本书针对如何提高上转换发光效率以改善 UCNC – PS 的活性氧产率、增强生物荧光成像的对比度实现影像指导的光动力治疗,以及开发新型近红外光激发的光敏剂实施高效率的深组织实体瘤的光动力治疗等方面开展了研究,具体包括以下工作:

(1)研究了环境对稀土离子发光中心荧光性质的影响,设计并制备了 $NaYF_4/NaYF_4:Yb^{3+},Er^{3+}/NaYF_4$ 多层核壳纳米结构。这种特殊的核壳结构包括三部分,中心是 $NaYF_4$ 的支撑核,其外面包覆 $NaYF_4:Yb^{3+},Er^{3+}$ 发光薄层,最外面包覆一层屏蔽壳层,这种结构保证每个发光中心受到的环境作用影响相同,通过调节屏蔽壳层厚度能准确探究环境对稀土发光中心的影响。利用上转换荧光光谱和时间分辨光谱探究了环境对稀土发光中心的荧光性质的影响规律,发现稀土发光中心的绿色上转换的荧光强度随着屏蔽壳层厚度的增加呈 e 指数增强的关系:当屏蔽壳层厚度减小到 0 时,其上转换荧光强度减小到饱和荧光强度的 1/356;当屏蔽壳层厚度在 4 nm 左右时,外界环境对发光中心的作用减小 90%。对发光中心能级辐射性质进行进一步研究,阐述了环境对发光中心荧光性质影响的原因。

(2)基于 $NaYF_4:Yb^{3+},Tm^{3+}$ 纳米晶开发了近红外单色的生物荧光探针。通过改变 Tm^{3+} 的掺杂浓度[①]对 $NaYF_4:Yb^{3+},Tm^{3+}$ 纳米晶的光谱进行调节,实现单色的 800 nm 上转换荧光。利用 800 nm 和 470 nm 的上转换荧光的强度比来衡量 800 nm 上转换荧光的单色性。通过对光谱的分析,发现 800 nm

---

① 如无特殊说明,本书"浓度"均指摩尔分数。

单色性随着 Tm^{3+} 掺杂浓度的增加呈 e 指数增长，当 Tm^{3+} 掺杂浓度增加到 4% 时，其荧光强度比可高达 757。进一步开展荧光成像研究，探究了 Tm^{3+} 掺杂浓度与荧光量子产率之间的关系，当 Tm^{3+} 掺杂浓度达到 4% 时，470 nm 荧光的量子产率已经下降到 10^{-7} 量级，而 800 nm 荧光的量子产率仍可达到 10^{-3} 量级，利用此浓度的纳米晶的 800 nm 上转换荧光实现了高对比度的荧光成像。

（3）提出了一种近红外光激发的新型光敏剂 $NaYbF_4$ 纳米晶。$NaYbF_4$ 纳米晶具有近红外光激发，与氧之间能量传递效率高的特点，因此，$NaYbF_4$ 纳米晶有望实现高效的深组织光动力治疗。$NaYbF_4$ 纳米晶中的光敏成分是 Yb^{3+}，具体的机制为 Yb^{3+} 吸收近红外激发光，然后将能量传递给氧，进而产生活性氧。本书利用化学探针法验证了 $NaYbF_4$ 纳米晶可以产生活性氧的理论，并根据 Yb^{3+} 寿命随氧浓度的响应，得到了 Yb^{3+} 与 O_2 之间的能量传递速率，发现二者之间具有较高的能量传递速率。同时也将 $NaYbF_4$ 纳米晶作为光敏剂与 UCNC-PS 进行了对比，结果表明 $NaYbF_4$ 纳米晶具有更高的活性氧产生速率。

（4）基于 $NaYbF_4$ 纳米晶开展了光动力治疗的研究。首先探究了活体光动力治疗条件，包括药物的孵育时间、孵育质量浓度、光照时间和光功率密度、药物毒性等。在此基础上进行了体外的光动力治疗，发现 $NaYbF_4$ 纳米晶对 PC9 细胞有很好的杀伤效果。当药物质量浓度在 10 μg/mL，光照时间在 0.5 h 时，细胞存活率仍可降低到 40% 左右。同时，治疗条件和细胞存活率之间存在 e 指数关系，为实施可控的光动力治疗提供了实验依据。进一步通过流式细胞术对细胞的死亡机制进行了实验研究，结果表明光动力治疗过程中细胞凋亡和坏死均存在。体内光动力治疗结果表明基于 $NaYbF_4$ 纳米晶的光动力疗法可使肿瘤体积明显缩小。

张佳音
2019 年 4 月

目 录

第1章 绪论 ·· 1
1.1 稀土发光材料及其发展历程 ·· 1
1.2 稀土材料发光理论 ·· 3
1.2.1 稀土离子的能级结构及光谱特性 ·································· 3
1.2.2 稀土上转换发光机制 ·· 6
1.3 稀土纳米晶的制备方法及表面修饰方法 ·································· 9
1.3.1 热分解法 ·· 9
1.3.2 溶剂热法 ·· 11
1.4 稀土上转换纳米晶的主要应用 ·· 11
1.4.1 稀土上转换纳米晶在生物荧光成像方面的应用 ······················ 11
1.4.2 稀土上转换纳米晶在光动力疗法方面的应用 ························ 15
1.4.3 稀土上转换纳米晶在检测方面的应用 ······························ 18
1.5 稀土上转换纳米晶在光动力治疗中的问题 ································ 20
1.6 本书研究的目的及意义 ·· 21
1.7 本书主要研究内容 ·· 22

第2章 环境对稀土发光中心荧光性质的影响 ·································· 23
2.1 多层核壳纳米晶的设计及制备方法的研究 ································ 24
2.1.1 多层核壳纳米晶的设计 ·· 24
2.1.2 多层核壳纳米晶的理论计算 ······································ 24
2.2 样品的制备及表征 ·· 25
2.2.1 样品的制备 ·· 25
2.2.2 样品的表征 ·· 27
2.3 环境对稀土发光中心上转换发光的影响 ·································· 30
2.3.1 Er^{3+} 上转换荧光的产生机制 ···································· 30

— 1 —

    2.3.2 环境对发光中心荧光强度的影响 ……………………… 32
    2.3.3 环境对发光中心发光机制的影响 ……………………… 34
    2.3.4 环境对发光中心辐射能级的影响 ……………………… 35
  2.4 本章小结 ……………………………………………………… 37
第 3 章 稀土氟化物纳米晶单色近红外光谱的设计 ……………… 38
  3.1 基于 $NaYF_4:Yb^{3+},Tm^{3+}$ 纳米晶的 800 nm 单色上转换荧光光谱的设计 …………………………………………………… 38
  3.2 样品的制备及表征 …………………………………………… 40
    3.2.1 样品的制备 ……………………………………………… 40
    3.2.2 样品的表征 ……………………………………………… 41
  3.3 Tm^{3+} 的掺杂浓度对上转换发光的影响 …………………… 42
  3.4 理论分析 Tm^{3+} 掺杂浓度对 800 nm 荧光的影响 ………… 44
    3.4.1 $NaYF_4:Yb^{3+},Tm^{3+}$ 中稳态速率方程的建立 ………… 44
    3.4.2 理论计算 Tm^{3+} 掺杂浓度对 800 nm 荧光单色性的影响 …………………………………………………………… 46
  3.5 $NaYF_4:Yb^{3+},Tm^{3+}$ 纳米晶上转换荧光量子产率的研究 … 47
    3.5.1 荧光量子产率的测量方法研究 ………………………… 47
    3.5.2 荧光量子产率的测量系统的研究 ……………………… 49
    3.5.3 Tm^{3+} 掺杂浓度对上转换荧光量子产率影响的研究 … 52
  3.6 高对比度生物荧光成像的研究 ……………………………… 53
    3.6.1 荧光成像系统的设计 …………………………………… 53
    3.6.2 组织模型的建立 ………………………………………… 54
    3.6.3 基于 800 nm 单色荧光开展高对比度的生物荧光成像的研究 …………………………………………………… 55
  3.7 本章小结 ……………………………………………………… 56
第 4 章 新型光敏剂 $NaYbF_4$ 纳米晶光学性质研究 ……………… 57
  4.1 高效的近红外激发的无机光敏剂的设计 …………………… 57
  4.2 光敏剂 $NaYbF_4$ 的制备及表征 ……………………………… 60

    4.2.1 样品的制备 ··· 60
    4.2.2 样品的表征 ··· 60
  4.3 $NaYbF_4$ 纳米晶的光物理化学性质 ······················ 63
    4.3.1 活性氧的检测方法研究 ····························· 63
    4.3.2 光敏剂 $NaYbF_4$ 纳米晶产生活性氧的实验验证 ······· 64
  4.4 新型无机光敏剂 $NaYbF_4$ 纳米晶的效果评价 ·············· 68
    4.4.1 Yb^{3+} 与 O_2 之间的能量传递效率的研究 ······· 68
    4.4.2 $NaYbF_4$ 与上转换纳米晶结合的光敏剂的效果比较 ···· 70
  4.5 本章小结 ··· 72

第 5 章 基于 $NaYbF_4$ 纳米晶的光动力治疗 ······················ 74
  5.1 基于 $NaYbF_4$ 纳米晶的光动力疗法的设计 ················ 74
  5.2 光敏剂 $NaYbF_4$ 纳米晶的水溶性修饰 ···················· 75
  5.3 $NaYbF_4$ 纳米晶体外光动力疗法的研究 ···················· 77
    5.3.1 近红外激发光对细胞存活率的影响 ····················· 77
    5.3.2 $NaYbF_4$ 纳米晶的细胞毒性研究 ····················· 78
    5.3.3 肿瘤细胞对 $NaYbF_4$ 纳米晶孵育时间的影响研究 ····· 79
  5.4 $NaYbF_4$ 纳米晶体内光动力疗法的研究 ···················· 82
    5.4.1 实验设计 ··· 82
    5.4.2 光动力治疗中肿瘤治疗效果的研究 ····················· 83
  5.5 本章小结 ··· 85

结论 ··· 86

参考文献 ·· 88

致谢 ·· 103

第1章 绪 论

1.1 稀土发光材料及其发展历程

稀土发光材料是稀土元素被用作发光材料的基质成分,或者被用作激活剂、敏化剂、掺杂剂的发光材料,这类材料一般统称为稀土发光材料。稀土元素包括镧系15种元素(镧(La)、铈(Ce)、镨(Pr)、钕(Nd)、钷(Pm)、钐(Sm)、铕(Eu)、钆(Gd)、铽(Tb)、镝(Dy)、钬(Ho)、铒(Er)、铥(Tm)、镱(Yb)、镥(Lu))与周期表中ⅢB族的钪(Sc)和钇(Y),共17种元素。因为最外层电子结构相同,所以它们被归为一类元素。对于镧系的15种元素的4f壳层电子能级相近的电子层构型,人们将其称为"半同位素",其物理性质和化学性质极其相似。但它们又与真正的同位素有所不同,其内层4f电子的数目从0~14逐个填满所形成的特殊组态,因此电子组态的差异使各元素在光学、磁学、电学性能方面出现差异[1,2]。同时,稀土元素内层4f电子的电子组态多样性,使其具有多方面性能,适合开发多功能的高新材料。在稀土元素的众多性质中,光学性质尤为引人注目。稀土元素具有丰富的电子能级结构,使能级跃迁通道多达20余万个,其光谱几乎覆盖了整个固体发光的范畴。

稀土发光材料的发展可以追溯到20世纪60年代,在掺钐氟化钙CaF_2:Sm^{2+}输出脉冲激光的实验中,首次发现了稀土发光材料,但稀土元素之间相似的化学性质,使得稀土元素分离提纯十分困难。直到1964年,稀土分离技术有了突破性进展,从而促进了稀土发光材料的发展,同年发现了红色荧光粉YVO_4:Eu^{3+}和Y_2O_3:Eu^{3+}。1968年又发现了Y_2O_2S:Eu^{3+}红色荧光粉。各种高效红色荧光粉的发现,促进了其工业化应用。对人们生活影响尤为重要的是,它促进了彩色电视机的发展。在此时期,稀土离子的能级跃迁规律以及电荷迁移态等基础研究工作方面也取得了很大进展,为稀土发光材料的性质研究和商业化应用奠定了坚实的基础。70年代后,各种发光波段的荧光粉陆续被发现,人们利用不同颜色(蓝、绿、红等)的荧光粉按一定比例混合,制成不同颜色的高效率、高显色性的荧光灯。随着稀土发光材料制备工艺的日益成熟和工业化生产成本的降低,荧光灯开始投入市场生产应用,走进人们的生活,推动了社会的进步。

在稀土发光材料的发展中,稀土上转换发光材料扮演了重要角色。上转换的概念在 1959 年由 Bloemvergen 提出的,他根据理论分析认为,如果离子存在阶梯状能级,那么处于基态的粒子可以连续吸收多个近红外光子,被泵浦到较高的激发态能级,然后处于高能激发态的粒子向下辐射跃迁便可以产生可见光[3]。随后,他的理论在 ZnS 多晶中得到了证实:在 960 nm 光激发下,在 ZnS 多晶中观察到了 525 nm 绿色上转换荧光。1966 年,Auzel 在研究钨酸镱钠玻璃时,发现当基质材料中掺入 Yb^{3+} 时,利用近红外光去激发 Er^{3+}、Ho^{3+} 和 Tm^{3+},能够获得可见区上转换荧光,其荧光量子产率提高了近两个数量级[4]。此后,这一现象得到了极大关注,激起了人们对稀土材料上转换发光性质研究的热情,并取得了阶段性的研究成果。例如,利用 Si_2GaAs 发光二极管的红外光去激发上转换发光材料可以得到绿光上转换荧光,其荧光强度与 GaP 发光二极管相当。然而,由于当时半导体发光二极管技术不成熟,激发光源仅限于低光度红光,并且其辐射波长与稀土离子的吸收波长匹配性差,因此上转换过程效率很低,一般不超过 0.1%,这在某种程度上制约了稀土上转换发光材料的发展。直到 80 年代,出现了输出波长范围广、功率大的发光二极管,使激发光的发射波长与敏化离子的吸收波长匹配较好,上转换效率有了明显提高,其效率可达 1.4%。因此,激发光源的发展和革新将稀土上转换发光材料的研究推向了第二次高潮,稀土上转换发光材料的理论基础、实验研究及实际应用都取得了突破性进展。例如:1979 年,在稀土上转换发光材料中观察到光子雪崩现象,人们将此应用于连续输出激光器的开发[5];1989 年,在 $Er:LiYF_4$ 晶体中,低温下得到 850 nm 连续输出激光[6];1995 年,利用 810 nm 激发光室温激发 $Er:LiYF_4$ 晶体,首次在室温下得到绿色连续输出激光[7];此外,稀土上转换材料也可应用于光纤放大器,1987 年英国南安普顿大学及美国贝尔实验室实验证明了掺铒光纤放大器(Erbium-Doped Fiber Amplifire,EDFA)的可行性,使光通信发生革命性变化。至今为止,EDFA 仍然是光放大技术中最核心的组成部分;同时,稀土上转换材料在光信息存储和三维立体显示等方面也有重要应用[8,9]。进入 21 世纪,生命科学蓬勃发展,通过生物分子的微观变化来诠释生命过程成为科研追求的一个目标。在 2003 年,Heer 等成功合成了小尺寸的 Er^{3+} 掺杂稀土上转换发光材料的透明胶体,这一发现推进了稀土上转换发光材料在生物医学领域的应用[10]。上转换发光材料需要近红外光激发,而近红外光恰好在生物组织透过窗范围内(800~1 100 nm),在组织中散射小、吸收少,所以组织透过性好,进一步研究发现稀土纳米材料还具有细胞毒性低、无光漂白及无光闪烁等优点,因此稀土纳米材料可以作为优良的生物荧光探针材料,应用于生物荧光成像[11-15]。目前,稀土纳米材料已经在不同的生物结构中进行了荧光成像,例如单细胞成像[16]、线虫成像[17,18]、血管成像[19,20]、器官成像[21,22]、小动物活体成像[23-26]、多模式成像[27-32]等。直到2007年,新加坡国立大学 Zhang 等利用 Er^{3+} 的 540 nm 上转换荧光激发了光敏剂部花青 M540,处于激发态的光敏剂再将能量传递给氧,产生活性氧,进而杀死了肿瘤细胞,基于此提出了上转换光动力疗法[33]。上转换光动力疗法的提出解决了传统光动力疗法的治疗深度小的问题。这主要由于传统光动力疗法的光敏剂激发波长在可见区,组织穿透深度小,所以仅对表皮性病变有效,无法治疗深组织实体瘤,而上转换光动力疗法的激发光在近红外区,组织穿透深度大,有望实现深组织实体瘤的治疗。上转换光动力疗法的出现使稀土上转换发光材料在生物领域的研究进入了第二次高峰。另外,也有一大批研究成果被报道,如:人们通过 SiO_2 及聚合物包覆的方式进行载药,来提高载药效率[34-38];通过共价键连接的方式来提高稀土上转换纳米晶与光敏剂之间的能量传递效率,增强上转换光动力疗法的治疗效率[39];通过设计稀土上转换荧光光谱来实现成像治疗双功能的光动力疗法等[40,41]。由以上分析可见,稀土发光材料在很多领域都有重要的价值。

1.2 稀土材料发光理论

1.2.1 稀土离子的能级结构及光谱特性

原子内部能级结构对应不连续的能量状态,原子的不同能量状态对应于不同的电子运行轨道,根据玻尔理论,原子的能量状态是不连续的,那么电子的运行轨道也是不连续的,电子在不同运行轨道间跃迁,向内吸收能量,被泵浦到激发态能级,向下跃迁,向外辐射能量,产生荧光。对于能级的精细结构,要归因于电子之间的库仑相互作用,以及电子间的自旋和轨道相互作用,当两电子自旋相互作用和轨道相互作用均比两电子的自旋-轨道相互作用强,需要考虑 $L-S$ 耦合;当两电子的自旋-轨道相互作用分别比两电子自旋相互作用和轨道相互作用强,需要考虑 jj 耦合。对于稀土离子而言,两电子间的自旋轨道相互作用与自旋相互作用及轨道相互作用强度相

差不多，但一般采用 $L-S$ 耦合来分析电子之间相互作用对能级产生的微扰。通常电子轨道能级可用光谱项 ^{2S+1}L 来描述，其中，S 为自旋量子数，表示同一轨道中电子的两种自旋状态；L 为轨道量子数，它决定了原子轨道或电子云的形状。光谱支项可表示为 $^{2S+1}L_J$，其中 J 为总角量子数，$J = L + S \ldots |L-S|$，对应于 $L-S$ 耦合对电子能量产生的微扰。

稀土离子的正三价为最常见价态，其 4f 层电子填充数目从 0 增加到 14，以 Gd 元素为界限，0~6 为轻镧系，7~14 为重镧系，Gd 元素以前与 Gd 元素以后互为共轭元素，其基态光谱项对称。当电子依次填入不同的磁量子数轨道，由于稀土离子电子填充轨道的不同，稀土离子具有丰富的电子能级结构，即具有丰富的能量状态，具体的稀土离子的能级结构分布如图 1-1 所示。

在稀土发光材料中，研究较多的为正三价稀土离子 Re^{3+}，大多数的 Re^{3+} 吸收辐射来源于 4f-4f 能级的内部跃迁，通常情况下，根据跃迁选择定则，当 $\Delta l = 0$ 时，能级间的跃迁受到禁阻。然而在实际中，外界晶体场作用下的 4f 组态和 5d 组态发生能态混合，能够打破跃迁禁戒，产生能级间跃迁，这种强制性的跃迁具有其独特的光谱特性。

(1) Re^{3+} 的 4f-4f 能级跃迁光谱呈狭窄线状，色纯度高，这主要是 4f-4f 能级跃迁受外层电子保护作用明显，晶格场对其作用微弱的缘故。

(2) 4f-4f 能级跃迁的概率较小，所以处于 4f 层电子组态的电子的激发态寿命较长，其寿命在 $10^{-6} \sim 10^{-2}$ s 量级。

(3) 4f 电子组态的电子受外层电子屏蔽效果较强，因此，外界环境很难影响其发光性质，其发光峰位及光谱形状很少受外界环境影响。

(4) Re^{3+} 除了 4f-4f 能级的跃迁外，某些元素的离子（如 Ce^{3+}、Pr^{3+} 及 Tb^{3+}）可以发生 5d-4f 态的跃迁，这种跃迁满足跃迁选择定则，不受禁阻，因此，5d-4f 跃迁与 4f-4f 跃迁产生的光谱具有相反的特性，如光谱带宽、激发态能级的跃迁概率大、荧光寿命短等。本书主要研究正三价稀土离子的 4f-4f 组态的跃迁。

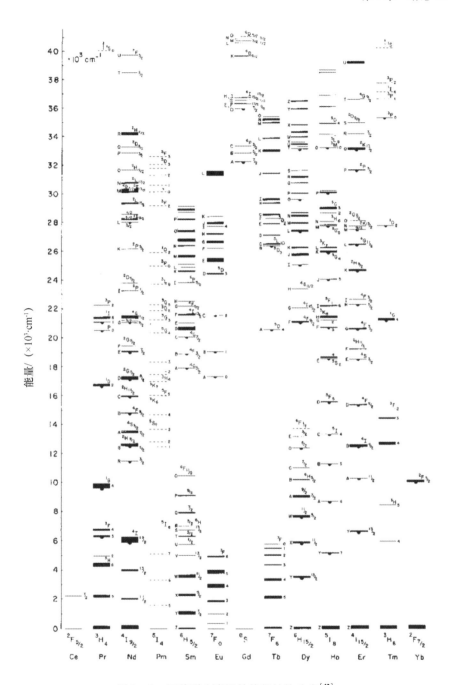

图 1-1　三价稀土离子的能级结构分布[42]

1.2.2 稀土上转换发光机制

随着稀土材料开发的不断深入,稀土材料的应用越加广泛,对稀土材料发光机制的研究也越加深入和完善,本节即对上转换发光机制进行介绍。光子上转换过程属于非线性光学过程,它通过连续吸收两个或多个低能量光子来布局高能激发态,处于高能激发态上的粒子向下辐射跃迁,发射高能量光子的过程,此过程也属于 anti-Stokes(反斯托克斯)过程。与两光子吸收过程和二次谐波的产生相比,上转换发光过程的实现借助了长寿命的中间能级,所以利用相对低功率($1\sim10^3$ W/cm^2)的连续光就可以有效地激发出上转换荧光[43]。

一般情况下,上转换发光机制主要包括以下几个过程:激发态吸收(Excited State Absorption,ESA)上转换、能量传递上转换(Energy Transfer Upconversion,ETU)、光子雪崩(Photon Avalanche,PA)上转换、合作敏化上转换(Cooperative Energy Transfer,CET)和能量迁移上转换(Energy Migration-mediated Upconversion,EMU)。

在 ESA 过程中,Re^{3+} 具有丰富的能级,可通过连续吸收两个或更多的低能量光子,使 Re^{3+} 的高能激发态被布局,然后处于高能激发态上的粒子向基态能级辐射跃迁,释放高能量光子,产生上转换荧光,如图1-2所示。虽然激发态吸收过程非常简单直接,但要求离子激发态的吸收截面足够大。然而,一般的激发态能级的吸收截面较小,吸收光子的能力较差,所以 ESA 的效率通常不高。

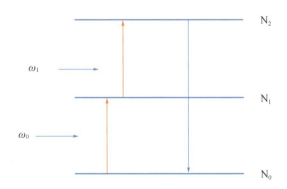

图1-2 激发态吸收上转换的能量传递机制

ETU 过程中包括两种稀土离子,其中一种是敏化离子,另一种是激活离子,通常敏化离子的吸收截面较大,会大于激活离子的吸收截面。当受到泵浦光激发时,敏化剂首先吸收能量,然后处于激发态的敏化离子通过共振能量传递将能量传递给相邻的激活离子,激活离子向下辐射跃迁,发射出上转换荧光,同时处于激发态的粒子回到基态(图1-3)。在ETU过程中,要求敏化离子和激活离子二者的能级匹配程度较高,并且距离尽可能近。对Re^{3+}来说,其具有丰富的能级结构,很容易实现能级间的匹配,所以稀土离子在ETU过程中具有很大的优势。

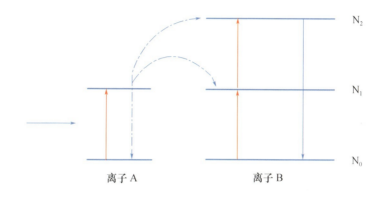

图1-3 能量传递上转换的能量传递机制

PA上转换过程是1979年由Chivian及其同事在基于Pr^{3+}的近红外量子计数中发现的[44],其具体的能量传递机制如图1-4所示。首先是激发态吸收过程,泵浦光波长与激活离子激发态N_1和N_2间的能级差相匹配,发生共振激发,使高能激发态N_2被布局。然后处于高能激发态N_2上的粒子与基态粒子发生交叉弛豫,使中间能态N_1被大量布局,粒子数增多。当泵浦光功率超过某阈值功率时,会经过重复的交叉弛豫过程,此过程使中间能态的粒子数迅速增加,布局的粒子数目呈指数形式增长。此种情况下,可以发生PA上转换过程。

CET过程与ETU过程相似,都需要两种稀土离子,即敏化离子和激活离子。其主要的不同在于CET过程中,激活离子缺少足够长寿命的中间能级。上转换发射来源于两个敏化剂离子同时将吸收的能量传递给一个激活离子(图1-5)。因此,其上转换效率比ETU过程小三个数量级。

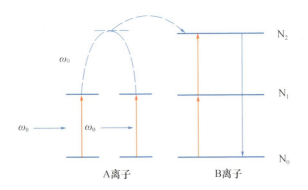

图 1-4 光子雪崩上转换的能量传递机制

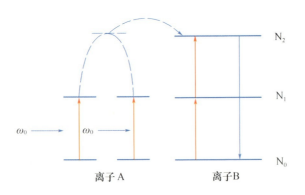

图 1-5 合作敏化上转换的能量传递机制

在2011年,Wang 等提出了 EMU 机制,其主要依靠核壳结构之间的能量传递来实现[45]。纳米核壳结构中包括四种荧光中心,这四种荧光中心分布在不同的壳层中并扮演着不同的角色,其分别为敏化离子、累积能量离子、迁移离子和激活离子。当低能光子激发时,首先发生能量传递上转换过程,敏化离子吸收能量传递给累积能量离子,使累积能量离子在高能激发态被布局,实现能量积累的过程。然后,通过累积能量离子与周围迁移离子的能量传递,实现核壳结构之间的能量迁移。最后,能量迁移离子将能量传递给激活离子,进而向下辐射跃迁,实现上转换发射过程,如图1-6所示。

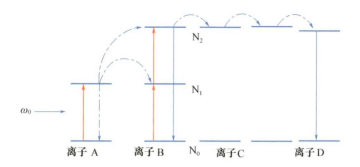

图1-6 能量迁移上转换的能量传递机制

上面提到的几种上转换发光机制,其效率会随上转换过程的不同而有所差别。在众多上转换机制中,ETU过程较易实现,且效率较高,从而成为整个上转换纳米晶相关研究过程中的主导机制。在ETU过程中,Yb^{3+}是敏化剂最好的选择,这主要是由于Yb^{3+}的吸收截面面积可达$9.11\times10^{-21}\ cm^2$,比大多数的Re^{3+}的吸收截面大。更重要的是Yb^{3+}的能级结构非常简单,只有$^2F_{5/2}$一个激发态,引起的交叉弛豫少,同时,$^2F_{5/2}$能态和很多Re^{3+}的能级差匹配都很好,所以Yb^{3+}非常适合作为ETU过程中的敏化剂。ETU过程中作为激活剂的Re^{3+}有很多,由于Re^{3+}能级结构非常丰富,通常都与Yb^{3+}的能级匹配较好,但在众多的激活剂中,Er^{3+}、Tm^{3+}、Ho^{3+}的上转换效率相对较高,是很理想的激活离子[46,47]。

1.3 稀土纳米晶的制备方法及表面修饰方法

对稀土发光材料来说,基质材料的选择对发光效率及其应用范围都会有较大影响。一般基质材料要求其化学稳定性高并且声子能量低。在各种Re^{3+}化合物中,稀土氟化物如REF_3、$REOF$、$MREF_n$(M = Li、Na、K、Ba;n = 4/5)等,均被认为是理想的基质材料。这主要是因为稀土氟化物具有很低的声子能量,所以声子辅助的无辐射弛豫会很少,可以提高发光效率。因此,氟化物纳米晶的制备及表面修饰受到了广泛关注,通常热分解法和溶剂热法对于合成均一可控的疏水性纳米晶是非常有效的手段,能比较精确地在纳米尺度控制纳米晶的尺寸、形貌、成分,下面详细介绍这两种方法。

1.3.1 热分解法

热分解法是一种在无氧环境中进行的有机相合成过程。在热分解方法中,源首先在表面活性剂的辅助下,在高沸点的有机溶剂中融化并分解,产生的离子在高温下结合成核。通过改变加入源的种类,可以得到不同种类的稀土氟化物。通常情况下,反应原料采用的是三氟醋酸盐和氯化盐,有机溶剂通常包括表面活性剂和调和溶剂,如油酸、油胺和十八烯等。人们普遍认为其中油酸或油胺可作为配体溶剂,覆盖在粒子表面来控制粒子的生长及提高在有机溶剂中的分散性。根据氟源的供体来源分类,可将热分解法分为单源和多源两种。

对于单源的热分解法,通常采用 $RE(CF_3COO)_3$ 作为前驱物,来提供 Re^{3+} 源和 F^- 源参与热解过程,这种方法已经发展得很成熟,能可控地合成高质量的单分散的纳米晶,如 $LaF_3^{[48]}$、$NaREF_4^{[49,50]}$、$LaOF^{[51]}$、$BaREF_5^{[52]}$、$LiREF_4^{[53]}$ 等(图1-7)。单源热分解法也非常适合用来制备核壳结构纳米晶,将三氟醋酸盐以一定速率注入高温反应液,再经过热分解反应,就可以成功合成核壳结构上转换纳米晶。

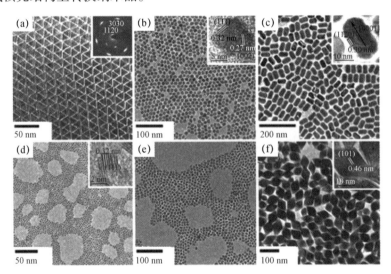

图1-7 利用热分解法制备的纳米晶的透射电子显微镜照片
(a) LaF_3;(b) $\alpha-NaYF_4^{[49]}$;(c) $\beta-NaYF_4^{[50]}$;(d) $LaOF$;(e) $BaGdF_5^{[52]}$;(f) $LiErF_4^{[53]}$

对于多源的热分解法,就是将多种源作为前驱体来分别提供 Re^{3+} 和 F^-。一般用稀土离子的油酸盐或醋酸盐来作为 Re^{3+} 源,而用 HF、NH_4F、NH_4HF_2、NaF、CF_3COOH 来提供 F^-。Liu 等利用此方法选择 NaF 和稀土油酸盐作为前驱物,通过简单地调节 NaF 和 Re^{3+} 油酸盐的比例,以及溶剂油酸和十八烯酸的比例,可控地合成了 $\beta-NaREF_4$ 纳米晶,给出了合成 $\beta-$

NaREF$_4$纳米晶可控简单方便的方法[54]。后来,这种方法又有了改进,将NaOH 和 NH$_4$F 溶解在甲醇中,加入均一的溶有 RECl$_3$ 的油酸和十八烯混合溶液中,进一步成核生长,就可以制备出晶相、形貌、尺寸均一稳定的NaREF$_4$纳米晶,此方法可以使产生的含氟的物质按一定化学配比消耗,有效减少HF 气体及其他氟化物的产生。

1.3.2 溶剂热法

溶剂热法也是制备稀土上转换纳米晶的很成熟的方法,其具体方法如下:先将 Re^{3+} 源和 F$^-$ 源混合溶解在水溶液中,然后,密封到反应釜中(一般材料是聚四氟乙烯),进一步加热。在 REF$_3$ 纳米晶的制备过程中,Re^{3+} 源一般采用稀土硝酸盐、氯化盐及稀土氧化物,同时,HF 和 NH$_4$F 经常被用作 F$^-$ 源。然而,在 MREF$_4$(M = Na,K)的制备中,F$^-$ 的前驱物一般选择 NaF 和 KF。在此方法中,很多实验参数,如反应浓度、稀土离子的剂量、温度、反应时间及 pH 等都会影响纳米晶的生长,通过调节反应参数,成功合成了近单分散 NaYF$_4$ 纳米粒子、六角棒、纳米花、纳米盘等[55]。

1.4 稀土上转换纳米晶的主要应用

1.4.1 稀土上转换纳米晶在生物荧光成像方面的应用

生物荧光成像作为现代医学诊断方面的重要技术备受人们关注。由于生物体自身无法提供可被诊断的荧光信息,因此需要开发生物荧光探针来进行生物荧光成像。传统的生物荧光探针主要有有机染料和量子点,有机染料的激发光一般在可见范围,组织穿透性差,很容易激发出自体荧光,同时有机染料易光漂白,所以很难进行深组织稳定的分辨率高的荧光成像。对于量子点来说,生物毒性大,也不适合生物应用。近年来,稀土上转换纳米晶作为新一代生物荧光探针被广泛研究,它与传统的生物荧光探针相比,有很多优势:(1)上转换过程采用近红外光激发,其光子能量很低,几乎不会激发出组织的自体荧光,因此,基于稀土上转换荧光探针,可实现高对比的生物荧光成像。(2)由于上转换纳米晶采用近红外光激发,近红外光恰好在生物组织透过窗范围内"800~1 100 nm",其组织中穿透深度大。据报道,在食品药品监督管理局(Food and Drug Administration,FDA)批准的光功率密度范围内(10 J/cm^2),近红外光在肌肉和脑组织中的穿透深度可达 7 cm[56]。

(3)利用上转换纳米晶进行荧光成像,几乎没有光漂白性,这主要是由于上转换纳米晶属于无机纳米材料,光稳定性高。(4)上转换纳米晶几乎没有光闪烁现象。Wu 等利用 27 nm 的 $NaYF_4:Yb^{3+},Er^{3+}$ 单纳米粒子进行荧光检测,其荧光发射没有任何光闪烁情况,说明在连续光激发下,没有任何轻度损耗[57]。(5)活体成像检测限低,通常能检测到荧光的最少细胞数目可作为一个重要参数来评价活体影像技术的灵敏度。将 $\beta-NaLuF_4:Yb^{3+},Er^{3+}$ 纳米粒子标记的细胞注入皮下和静脉,当细胞数目分别在 50 和 100 个时,活体全身影像的信噪比分别大于 3 和 10[58]。(6)可实现多色荧光标记,这主要归因于稀土离子发光谱带的半高宽很窄,一般小于 12 nm,同时上转换发光覆盖了紫外、蓝、绿、红及近红外光谱范围[59],因此,可以实现多色的活体荧光成像。(7)稀土纳米晶的生物毒性低,并且可以从体内代谢掉。总之,利用上转换纳米晶的光稳定性高、多色性高、激发能量低、生物毒性低等优点,可实现无自体荧光,低组织损伤,组织穿透性好的生物荧光成像。

生物荧光成像对稀土离子发光的强度和光谱位置都有要求,需要从以下两方面进行考虑。

(1)提高稀土上转换纳米晶的荧光量子产率:为了实现高质量的生物荧光成像,优化纳米晶的发光效率成为研究的热点问题,并在研究中取得了一定的进展。首先,提高纳米晶发光效率的最直接方法就是调节掺杂浓度,例如,Yb^{3+} 掺杂浓度从 20% 增加到 100% 时,其上转换荧光强度增加 43 倍[60]。其次,在基质材料中掺杂非稀土离子来增强发光效率,例如,通过掺杂的碱金属原子,实现能量的反向迁移过程,进而增强其上转换发光,同时也可调节各个荧光峰之间的荧光强度比[61,62]。再次,也可以通过对基质材料的调整来提高荧光效率,通过探究发现在 $NaLuF_4:20\% Yb^{3+},1\% Tm^{3+}$ 纳米晶中,其荧光效率与在 $NaYF_4$ 基质中相比提高 10 倍,基于此上转换纳米晶可实现近红外激发和近红外发射,能穿透 1.5 cm 的猪肉组织,非常适合进行生物活体成像[58]。最后,提高上转换荧光量子产率的另一个较好的方法是对纳米晶进行包覆。通常情况下,纳米晶较低的上转换发光效率,主要是由于纳米粒子表面与周围的配体发生能量传递过程,使能量发生了猝灭。表面包覆能减少纳米晶表面的无辐射弛豫过程,使上转换发光增强。Liu 等基于 $NaYF_4:Yb^{3+},Er^{3+}/NaYF_4$ 核壳结构,探究了壳厚度与上转换荧光强度的关系,发现增加壳厚度能使荧光强度相对于发光核增强 12 倍[63]。

(2)调节纳米晶上转换发射光谱:调节上转换发射,使其可在整个光谱范围内进行调节,为实现复杂的、多色的生物荧光标记奠定基础。调节稀土上转换发射一般有以下几种方法：首先，可以通过调节稀土离子掺杂的种类及其配比来调节从可见到红外不同波长的荧光强度比。Wang 等在 Yb^{3+}、Er^{3+} 和 Yb^{3+}、Tm^{3+} 共掺的 $NaYF_4$ 中，通过精细调节 Tm^{3+} 和 Er^{3+} 的配比关系，在近红外 980 nm 激发下，能调节出可见到近红外的上转换荧光[64]。其次，也可通过调节纳米晶的形貌、晶相、尺寸及表面配体来调节上转换荧光光谱。例如，Niu 等利用控制反应时间和反应温度，来调节晶相，进而发射不同波段的上转换荧光，实现多色输出[65]。Mai 等报道了在 $NaYF_4:Yb^{3+}$，Er^{3+} 中，探究晶体尺寸和纳米粒子上转换发射之间的关系[66]。Niu 等通过变化纳米晶表面配体来实现多色上转换荧光发射[67]。这些方法为发展多色荧光探针提供了潜在的途径，这种多色的上转换纳米晶也使多色复杂生物活体荧光成像成为可能。

目前，基于上转换荧光进行生物体外和体内荧光成像已取得了很大进展。对于细胞水平的荧光成像，实现了单粒子的荧光成像，基于小于 10 nm 的 $NaYF_4:Yb^{3+}$，Er^{3+}，能观察到单粒子上转换荧光成像（图 1 - 8）[68]。Zhang 等利用共聚焦荧光显微镜观察了单个 $NaYF_4:Yb^{3+}$，Tm^{3+} 纳米片的上转换荧光[69]。此外，利用 $NaYF_4:Yb^{3+}$，Er^{3+}/SiO_2 和 PAA 修饰的 $NaYF_4:Yb^{3+}$，Er^{3+} 纳米晶与 AB12 鼠源的皮间瘤细胞一起培养，也在单粒子水平观察到了可见区的上转换发射[70]。Chen 等又利用 $NaYF_4:Yb^{3+}$，Tm^{3+} 的 800 nm 上转换荧光进行细胞成像，800 nm 上转换荧光恰好在生物组织透过窗范围内，实现了高对比度的生物荧光成像[71]。对于上转换纳米晶的体内荧光成像也有大量相关报道，其中比较典型的就是线虫荧光成像模型，Lim 等报道了利用 Er^{3+} 的上转换荧光进行线虫成像[72]。Chen 等利用 PEI 修饰的 $NaYF_4:Yb^{3+}$，Er^{3+} 进行线虫成像，发现粒子尺寸减小，浓度升高，孵育时间增长都使粒子在线虫体内分布更均匀，同时提高了荧光强度和影像对比度[73]。研究者又进一步开展了上转换纳米晶在不同活体荧光成像方面的研究。很多课题组已经研究过裸鼠的全身上转换荧光影像。Nyk 等已经报道过利用 20 nm $NaYF_4:Yb^{3+}$，Tm^{3+} 纳米晶作为荧光探针，探究近红外 800 nm 上转换荧光在裸鼠体内的荧光影像，这种近红外激发到近红外发射的荧光成像，可以提高生物组织中的穿透深度，同时组织自体荧光少和散射光少，可以实现高信噪比的荧光成像[74]。此外，在皮毛丰富的昆明鼠中，基于稀土离子掺杂的上转换纳米晶的上转换荧光成功实现了上转换荧光成像[75,76,77]。Liu 等在黑鼠皮下注入 10 nm 左右的 $\beta\text{-}NaLuF_4:Yb^{3+}$，$Tm^{3+}$ 纳米晶，在组织中 1.5 cm 左右的深度实现了高对比度的生物荧光成像[58]。此外，Yang 等还在兔子中利用 20 nm 左右的 $NaLuF_4:Yb^{3+},Tm^{3+}$ 纳米晶进行了体内荧光成像,也得到了高对比度的上转换荧光成像(图 1-9)[78]。

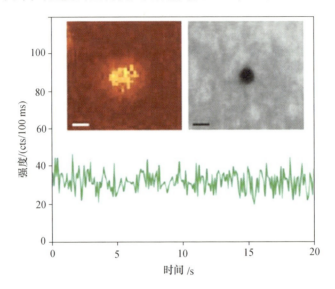

图 1-8　单粒子的荧光强度随时间的变化曲线(左上角插图为 **980 nm 激发下单粒子的共聚焦荧光显微镜照片,右上角插图为单粒子的扫描电子显微镜照片**[68])

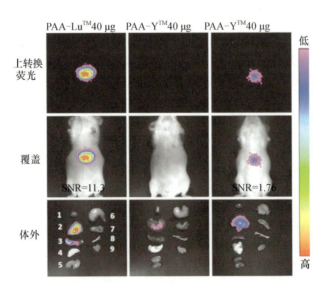

图 1-9　基于 $NaLuF_4:Yb^{3+},Tm^{3+}$ 纳米晶的活体荧光成像[78]

1.4.2 稀土上转换纳米晶在光动力疗法方面的应用

光动力疗法(Photodynamic Therapy,PDT)是20世纪70年代末发展起来的一种肿瘤治疗方法。PDT的三个基本要素为激发光、光敏剂和氧。当机体摄取光敏剂后,光敏剂在机体内进行代谢,会在病变组织中高选择性地聚集,当特定波长的光照射病变组织时,其中的光敏剂会被激发,处于激发态的光敏剂会将能量传递给氧,氧被激发产生活性氧,活性氧与相邻的生物大分子发生氧化反应,产生细胞毒性作用,进而导致病变组织细胞坏死或凋亡,从而达到治疗的目的。由于光动力过程中光敏剂的选择性和光照的选择性相对于手术、放疗、化疗等常规癌症治疗方法,最主要优势是治疗目标明确,对正常组织损伤小,且几乎没有副作用,是一种微创性的肿瘤治疗方法,因此,近年来PDT发展非常迅速,在临床医学中越来越多地被人们所接受。然而,PDT的治疗效果严重地受到可见激发光的组织穿透深度的制约,导致难以实现体内实体瘤的治疗,同时由于组织对可见光的吸收作用很强,所以组织中光梯度很大,导致病变上下层的治疗效果也有很大差别。

考虑到生物组织窗口在800~1 100 nm范围,组织对这个波段范围的光吸收较弱,将激发光波长调整到这个范围内,就可以解决可见区激发光所引入的问题。一种思路是寻找新型光敏剂,使其吸收峰红移到组织透过窗口内(800~1 100 nm),比较典型的是酞菁类衍生物,它的吸收波长与卟啉类光敏剂相比确实发生了红移,但仍然在可见区,同时酞菁类衍生物的水溶性差,易团聚,影响了活性氧产率,不适合生物应用。另一种思路是通过光敏剂的双光子吸收来激发光敏剂,然而由于其设备复杂,高能的脉冲激光会引起皮肤的光子损伤,以及效率太低等问题而缺乏实用性[79]。但是,其思想为PDT的后续发展提供了借鉴。上转换光动力疗法(UC-PDT)的提出解决了传统PDT中激发光的组织穿透深度小的问题。上转换光动力疗法的意义在于它实现了近红外光激发,它的结构是将上转换纳米晶与传统的光敏剂相结合,它的思想是通过上转换纳米晶作为能量转换媒介,将近红外激发光转换成可见光发射,进一步激发它周围的光敏剂分子。具体过程是:在近红外光激发下,上转换纳米晶吸收能量,通过频率上转换过程,使纳米晶中的激活离子处于高能激发态,进而将能量传递给周围的光敏剂分子,再进行光敏剂分子与氧分子之间的能量传递,使氧被激发,产生活性氧,杀死肿瘤细胞。2007年,新加坡国立大学Zhang等首次报道了上转换光动力疗法,利用$NaYF_4:Yb^{3+},Er^{3+}$纳米粒子在980 nm近红外激光激发下的上转换发光激发包覆在纳米粒子表面的M540有机染料光敏剂,实现了对膀胱癌细胞的光动力杀伤[33]。

对于上转换光动力疗法中光敏药物的研究工作也主要集中于上转换纳米晶对光敏剂的载药。上转换纳米晶对光敏剂的加载最早是利用硅壳来实现的。其具体方法有以下两种:(1)在上转换纳米晶表面包覆一层硅壳,将光敏剂嵌入硅壳中,形成异质核壳结构,此方法引入了一个携带层,是一种非常典型的光敏剂载药方式。Zhang 等报道了 $NaYF_4:Yb^{3+},Er^{3+}@SiO_2$ 核壳结构,对光敏剂 M540 进行载药,利用 974 nm 激光进行辐照 45 min,发现肿瘤细胞发生明显凋亡(图 1-10)[33]。其他的核壳结构 $NaYF_4:Yb^{3+},Tm^{3+}@SiO_2$ 纳米晶对光敏剂三联吡啶钌进行载药,$NaYF_4:Gd^{3+},Yb^{3+},Er^{3+}@SiO_2$ 对亚甲蓝进行载药等,均已经证明有能力产生活性氧[80,81]。(2)为了增强光敏剂的载药能力,可利用多孔 SiO_2 层对光敏剂进行载药。$NaYF_4:Yb^{3+},Er^{3+}@SiO_2@mSiO_2$ 多孔纳米结构,对光敏剂酞菁锌进行载药,在980 nm光照射 5 min 后,就能检测到有活性氧从 SiO_2 壳层中释放出来[82]。基于 $NaYF_4:Yb^{3+},Er^{3+}@mSiO_2$ 对 M540 和 ZnPc 同时载药,利用 Er^{3+} 的多色上转换发射同时激发这两种光敏剂,增加了活性氧的产生效率[83]。

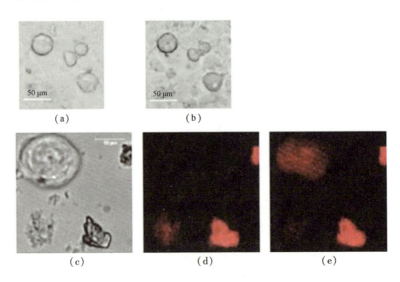

图 1-10　上转换光动力治疗中的细胞影像

(a)治疗前的 MCF-7/AZ 细胞影像;(b) 974 nm 激发光照射 36 min 的 MCF-7/AZ 细胞影像;
(c)与 PI 和 M540 包覆的上转换纳米晶一起培养的 MCF-7/AZ 细胞影像;
(d)光动力治疗前的细胞荧光图像;(e)光动力治疗后的细胞荧光图像[33]

聚合物包覆法也可以实现对光敏剂的运载,主要基于聚合物与纳米晶表面的厌水性基团相结合形成的疏水层对光敏剂进行载药。Chatterjee 等用 PEI 对 $NaYF_4:Yb^{3+},Er^{3+}$ 进行包覆,通过 PEI 和纳米晶间的疏水性夹层对 ZnPc 进行载药,在 980 nm 激发下,5 min 就可以使肿瘤细胞被摧毁[84]。Wang 等报道了利用聚乙二醇化的两亲性聚合物通过疏水性相互作用包覆在有油酸配体的 $NaYF_4:Yb^{3+},Er^{3+}$ 纳米晶表面,通过形成的疏水层对 Ce6 进行载药,将光敏剂对 Balb/c 进行瘤内注射,并利用 980 nm 光进行光动力治疗(激发光功率为 0.5 W·cm^{-2}),能成功摧毁肿瘤(图 1-11)[85]。Cui 等证明了 N-succinyl-N′-octyl chitosan 改性的带油酸配体的 $NaYF_4:Yb^{3+}$,Er^{3+} 纳米粒子可以对 ZnPc 进行载药,治疗后 14 天观察发现肿瘤的体积明显减小,其对肿瘤的抑制比可达到近 76%[86]。

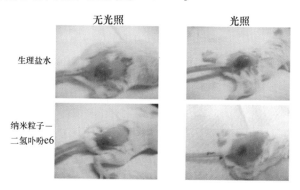

图 1-11 体内 PDT 治疗组与对照组小鼠在治疗后 6 天的照片[85]

为了提高上转换纳米晶与光敏剂之间的能量传递效率,可以通过共价键连接缩短光敏剂与上转换纳米晶之间的距离,实现高效的能量传递过程。Zhao 等报道了通过 AlC_4Pc 与 SiO_2 壳层的共价键连接来实现 $NaGdF_4:Yb^{3+}$,Er^{3+}@$NaGdF_4$@SiO_2 纳米晶对 AlC_4Pc 的载药,进一步将此光敏药物与 MEAR 细胞一起培养 12 h,MEAR 细胞在 980 nm 光照下,辐照 5 min,近 40% 的细胞凋亡[87]。此外,$NaGdF_4:Yb^{3+}$,Er^{3+}@CaF_2@$mSiO_2$ 可以与光敏剂通过共价键连接[88],以及 $NaYF_4:Yb^{3+}$,Er^{3+} 与玫瑰红或 ZnPc 共价键连接,这些 UCNC-PS 都已经开展了体外的光动力治疗实验。图 1-12 给出了 $NaYF_4:Yb^{3+}$,Er^{3+} 纳米晶键连 ZnPc 作为光敏药物的活体光动力治疗结果,从图中可以看出光动力治疗组肿瘤的尺寸明显被抑制[89]。

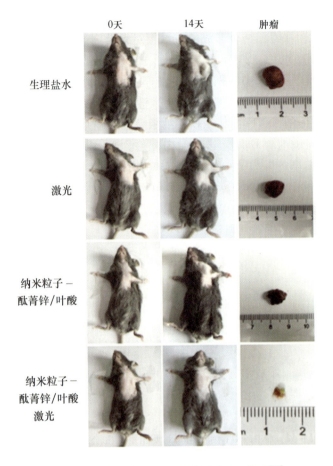

图 1-12 光动力治疗组与对照组的小鼠照片[89]

1.4.3 稀土上转换纳米晶在检测方面的应用

基于稀土上转换纳米晶的上转换荧光对检测目标的响应,可实现对很多物质和物理参量的检测,例如,温度、DNA、蛋白、金属离子、阴性离子及中性分子等。

由于稀土离子 4f 层电子对温度非常敏感,因此上转换荧光强度与温度相关,很多稀土上转换纳米晶都被用来开发纳米温度计。例如,基于 $NaYF_4$:Yb^{3+},Er^{3+} 纳米晶的 520 nm 与 540 nm 的荧光强度比进行测温,受环境干扰小、准确可靠、灵敏度高[90]。同时,CaF_2:Yb^{3+},Tm^{3+}、$Yb_2Ti_2O_7$:Mo^{3+},Er^{3+}、Y_2O_3:Yb^{3+},Tm^{3+} 也可用于温度测量[91-93]。Wang 等发现基于 ZnO:Er^{3+} 的纳米晶的上转换发射进行测温,其温度灵敏度为 0.006 2 /K[94]。Vetrone 等基于这种高灵敏的上转换荧光温度传感实现了细胞内的温度测量[95]。虽然目前已经证实稀土上转换纳米材料对温度有较高的灵敏度和较好的稳定性,但是尚未应用于活体温度传感。

稀土上转换纳米晶也可作为 pH 传感器,其原理主要基于光谱的内滤效应。Sun 等首次设计了 pH 敏感的薄膜,将上转换 $NaYF_4:Yb^{3+},Er^{3+}$ 纳米棒与 pH 指示剂溴百里酚蓝通过聚氨酯凝胶结合在一起,溴百里酚蓝随 pH 变化吸收峰位也发生变化,同时,其吸收峰位与 Er^{3+} 的绿色和红色上转换荧光峰位发生重叠,随着 pH 的变化,其吸收谱带与 Er^{3+} 荧光谱带的重叠面积也发生变化,所以上转换荧光强度对 pH 响应。在 980 nm 激光激发下,上转换荧光强度随 pH 在 6~10 内变化的响应速度为 30 s[96]。与之相类似的是,Zhang 等利用连接半胱氨酸 Au 纳米颗粒与上转换纳米晶结合,构建 pH 敏感的纳米复合结构,主要通过 pH 变化影响半胱氨酸的静电场分布,进而影响了 Au 纳米颗粒吸收峰位置,Au 的吸收光谱与 $NaYF_4:Yb^{3+},Er^{3+}$ 的上转换荧光谱带发生重叠,进而发生能量传递。当 pH 变化时,Au 的吸收峰位和上转换荧光谱带交叠面积发生改变,进而导致上转换发射荧光强度的变化[97]。

通过光谱的内滤效应,也可以实现对气体的检测,气体浓度的变化可引起指示剂光谱响应,进一步与稀土离子之间发生能量传递作用,通过观察到的稀土离子荧光强度的变化间接反映气体浓度变化。Ali 等已经利用 $NaYF_4:Yb^{3+},Er^{3+}$ 与 BTB/TBA 离子对复合实现对 CO_2 气体的检测,其检测限可达 0.11%[98]。此外,基于此原理也可实现对离子的检测,例如,利用 $NaYF_4:Yb^{3+},Er^{3+}$ 以及二苯卡巴肼来检测 Cr^{6+},二苯卡巴肼可以与 Cr^{6+} 形成 Cr(Ⅲ)-DPC,其吸收峰与 $NaYF_4:Yb^{3+},Er^{3+}$ 重叠。当有 Cr^{6+} 出现时,Er^{3+} 荧光强度会发生变化,其检测限可达 2.4×10^{-8} mol/L[99]。

利用荧光共振能量传递(Fluorescence Resonance Energy Transfer, LRET)也可进行分子检测,此方法与荧光的内滤作用有明显不同,通过分子之间或纳米系统之间的距离变化,LRET 在检测 DNA、蛋白质、金属离子等纳米范畴的相互作用方面有很大的潜在应用。此方法的基本原理主要基于荧光分子系统与靶向性分子相互作用前后的能量传递效率不同来对分子进行检测。其中的荧光分子一般采用稀土上转换纳米晶,这主要是因为稀土上转换纳米晶的上转换荧光光谱非常丰富,容易与目标分子的光谱发生重叠。LRET 的效率主要与稀土上转换纳米晶和目标分子之间的距离有关,当二者之间距离发生变化时,上转换荧光强度发生变化,进而实现了目标分子的检测。

稀土上转换纳米晶应用于 DNA/RNA 检测,比较典型的 DNA 检测方法主要基于杂化的方式,通过两个衍生物标记 DNA 与靶向性 DNA 相互补偿来实现。这两个衍生物中,其中一个是上转换纳米晶,另一个是能量受体,对于能量受体的选择有很多种类,但是能量受体的吸收波长要尽可能与上转换纳米晶的荧光波长相匹配。当这两个断链寡核苷酸与靶向性的长链核苷酸有序地结合在一起时,在 980 nm 激光激发下,上转换纳米晶产生的荧光会激发另一种衍生物,产生荧光,进而能检验靶向性 DNA 的存在。目前,稀土纳米晶在 DNA 检测方面已经取得了很多进展,例如,Zhang 等已经将 LRET 系统应用于 DNA 探针方面[100]。Liu 等利用柠檬酸包覆的 $NaYF_4:Yb^{3+}$,Er^{3+} 作为能量供体,共价键连接捕获的寡核苷酸,羧基四甲基罗丹明作为能量受体,然后二者连接应答 DNA,实现了应答 DNA 的检测,在此过程中利用比较薄层的柠檬酸包覆上转换纳米晶可以保证纳米晶较近距离地接触能量受体,进而提高能量传递效率,其检测限可达 0.18 nm[101]。Rantanen 等利用上转换纳米晶作为能量供体,利用 Alexa Fluor 546 以及 Alexa Fluor 700 同时作为能量受体,二者的荧光波长分为位于 600 nm 和 740 nm,对于检测不会互相干扰,但可以提高靶向性寡核苷酸的检测限,可以检测 0.03 ~ 0.4 pmol/L 浓度范围[102]。此外,基于多色的标记物为目标 DNA 分子的检测提供荧光信息,也可以为多靶点的同时检测提供可能性。Kumar 等建立了 DNA 杂交系统模型,主要包括核苷酸和三色稀土上转换纳米晶 $NaYF_4:Yb^{3+},Tm^{3+}$、$NaYF_4:Yb^{3+},Ho^{3+}$、$NaYF_4:Yb^{3+},Ho^{3+},Tm^{3+}$,以实现复杂的检测[103]。

稀土上转换纳米晶也可应用于免疫分析法,实现对生物分子的检测。其主要是先通过抗体和抗原特异性结合,再通过指示剂将这种结合放大,并表现出来,实现高灵敏度检测的过程。例如,利用 $NaYF_4:Yb^{3+}$,Er^{3+} 与人体的免疫球蛋白相连接,同时将 Au 的纳米颗粒与兔抗羊的免疫球蛋白键连,当环境中加入羊抗人的免疫球蛋时,就会将 $NaYF_4:Yb^{3+}$ 和 Au 颗粒连接到一起,由于 Er^{3+} 的上转换发射位于 540 nm,与 Au 的吸收波长 530 nm 重叠在一起,可实现 LRET 过程,使上转换荧光猝灭,此方法的检测限很低,可达到 0.88 μg/mL 量级[104]。

1.5 稀土上转换纳米晶在光动力治疗中的问题

基于 UCNC-PS 开展光动力疗法,虽然实现了近红外光激发,可以实施深组织实体瘤的治疗,但是仍然存在一些问题有待解决。

(1) UCNC-PS 产生单态氧的过程中需要经过上转换过程和复杂的能量传递过程,上转换过程的效率很低,同时复杂的能量传递过程会引入严重的无辐射弛豫,带来很大的能量损耗,这些都会影响 UCNC-PS 的活性氧产生效率,限制其在临床方面的应用。

(2) UCNC-PS 在光动力治疗过程中需要高功率密度的激发光,这样很容易引起组织的光损伤,限制了实际应用。

(3) 上转换纳米晶对光敏剂的载药的计量很难控制,同时在肿瘤部位药物的释放也不稳定,这些原因都导致了光动力治疗效果不可控。

1.6 本书研究的目的及意义

为了实现深组织实体瘤的治疗,开发近红外光激发的光动力疗法具有重要意义,目前开展近红外光激发的光动力疗法只能借助于 UCNC-PS,利用稀土上转换纳米晶的荧光触发光敏剂来实现。然而,UCNC-PS 的活性氧产率是限制其临床应用的主要因素,所以本书的目的和意义一方面在于提高 UCNC-PS 的活性氧产率,另一方面在于开发新型近红外光激发的光敏剂,实现高效的近红外光激发的光动力治疗过程,同时避免了 UCNC-PS 的其他问题。针对这个目的,本书开展的研究如下:

(1) 提高 UCNC-PS 活性氧产率的关键在于提高上转换发光效率。环境是影响发光效率的一个主要因素,所以探究环境对稀土发光中心发光效率的影响,找到最优化的提高上转换发光效率的方法,对提高上转换发光效率以及 UCNC-PS 的活性氧产率具有重要意义。

(2) 实现影像指导的光动力治疗,需要借助于荧光探针,设计开发近红外区单色的上转换荧光探针进行生物荧光成像,可增强荧光信号的组织穿透深度,同时能消除可见区荧光在组织中的散射以及可见区荧光激发的组织自体荧光,为实现深组织高对比度影像指导的光动力疗法奠定基础。

(3) 为实现高效率的近红外光激发的光动力疗法,开发了新型、高效的近红外光激发的光敏剂。

(4) 基于开发的新型光敏剂,开展活体光动力治疗实验,检验新型光敏剂的疗效,同时探究治疗剂量和治疗效果之间的关系,为可控的光动力治疗奠定基础。

1.7 本书主要研究内容

本书以近红外光激发的光动力治疗为研究背景,针对探究稀土离子的荧光性质,提高近红外光激发的光敏剂活性氧产生效率开展研究,本书的主要研究内容包括以下几个方面。

(1)探究外界环境对稀土发光中心上转换荧光性质的影响。首先设计特殊的多层核壳纳米晶,通过这种特殊结构的纳米晶来实现外界环境对发光中心荧光性质影响的探究。利用外界环境对上转换荧光光谱的影响规律,来定量地探究外界环境对稀土发光中心荧光性质的猝灭作用,以及屏蔽外界环境作用的最有效壳层厚度。进一步通过稀土发光中心的时间分辨光谱来探究环境对能级辐射性质的影响,分析环境对发光中心荧光性质影响的原因。

(2)基于 $NaYF_4:Yb^{3+},Tm^{3+}$ 纳米晶实现 800 nm 单色的上转换荧光。首先理论分析 Tm^{3+} 掺杂浓度对上转换荧光光谱的影响,设计 800 nm 单色的上转换荧光。然后探究 Tm^{3+} 浓度与上转换荧光光谱之间的关系,摸索了实现 800 nm 单色的上转换发射的条件。为了实际应用的需要,又进一步研究 Tm^{3+} 掺杂浓度的变化对上转换荧光量子产率的影响。最后,开展基于单色 800 nm 上转换荧光实现组织模型中的高对比度荧光成像方面的工作。

(3)提出了新型近红外光激发的无机光敏剂 $NaYbF_4$ 纳米晶。利用透射电子显微镜(Transmission Electron Microscope,TEM)、高分辨透射电子显微镜(High Resolution Transmission Electron Microscope,HRTEM)和 X 射线衍射(X-ray Diffraction,XRD)等表征方法对合成的 $NaYbF_4$ 纳米晶的基本性质进行表征。通过化学探针法探究 $NaYbF_4$ 纳米晶的活性氧产生情况,同时对 $NaYbF_4$ 纳米晶的效果进行评价,根据 Yb^{3+} 激发态衰减时间对氧浓度的响应,检验 Yb^{3+} 与氧之间的能量传递效率,并将 $NaYbF_4$ 纳米晶与 UCNC-PS 的效果进行比较。

(4)基于光敏剂 $NaYbF_4$ 纳米晶开展光动力治疗。以人源的肺癌细胞系 PC9 作为研究对象,探究 $NaYbF_4$ 纳米晶体外细胞杀伤效果,建立了治疗条件和治疗效果之间的关系,为可控的光动力治疗提供依据;同时,基于 $NaYbF_4$ 纳米晶开展体内的光动力治疗实验。

第 2 章 环境对稀土发光中心荧光性质的影响

稀土上转换纳米晶结合的光敏剂(UCNC-PS)有望实现深组织肿瘤的光动力治疗[105-109]。具体地说,上转换纳米晶先吸收近红外光,发射可见光,这部分可见光可以触发与其结合的光敏剂,处于激发态的光敏剂再与氧发生相互作用,产生单态氧。通过这种方式,将光动力疗法的激发光转移到了近红外区,此波段光组织穿透性强,因此有望实现深组织实体瘤的治疗。然而 UCNC-PS 涉及上转换过程和复杂的能量传递过程,导致 UCNC-PS 活性氧产率很低,限制了其临床应用。

提高 UCNC-PS 活性氧产率的关键在于提高上转换发光效率。环境是影响上转换发光效率的一个重要因素,由于环境中的高能振动基团与粒子表面不饱和化学键相互作用,因此会产生多声子辅助的无辐射弛豫过程,严重地影响了发光效率[110]。目前,最有效的减小无辐射弛豫的方法是在纳米晶表面进行包覆,通过包覆可以减少表面缺陷,同时降低纳米晶表面不饱和化学键与环境中高能振动基团的相互作用[111-113]。因此,包覆已成为屏蔽外界环境干扰的最主要方法。近年来,关于粒子表面包覆方面的探究有很多,例如:探究包覆对纳米粒子荧光性质的影响[114];Dorman 等报道了核壳结构发光的动力学过程[115];优化壳层厚度来屏蔽外界环境对纳米晶发光性质的影响[116,117];等等。

但是,目前环境对稀土发光中心荧光性质的准确影响尚未被探究,要解决环境对发光效率的影响问题,有必要定量地探究环境对稀土发光中心的影响。然而这种定量的影响很难被探究,因为一个发光离子就是一个发光中心,一个纳米晶由很多个发光中心组成,处于不同半径处的发光中心到外界环境的距离不同,纳米晶上的每个发光中心受到外界环境的作用也不同,所以探究环境对发光中心的影响非常困难。针对这样的问题,本章以 $NaYF_4$ 作为基质材料,在其中以 Yb^{3+} 作为敏化剂,以 Er^{3+} 作为激活离子。设计特殊的纳米结构,利用结构上的优越性来准确探究环境对稀土离子发光中心荧光性质的影响,并给出消除环境影响的最佳屏蔽壳层厚度。

2.1 多层核壳纳米晶的设计及制备方法的研究

2.1.1 多层核壳纳米晶的设计

多层核壳纳米结构设计的目的是保证每个发光中心受到环境的作用影响相同。具体的设计思路是将每个发光中心都均匀地分布在一层薄壳上,使得它们受到的环境影响是相同的,进而探究环境对稀土发光中心的影响。具体的思路和结构设计如图2-1所示。

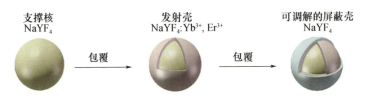

图2-1 $NaYF_4/NaYF_4:Yb^{3+},Er^{3+}/NaYF_4$核壳纳米晶形成过程示意图

此结构以$NaYF_4$作为核,在核的基础上包覆一薄层的发光材料$NaYF_4:Yb^{3+},Er^{3+}$,基质材料选择$NaYF_4$,主要由于其声子能量较低,有利于实现较高的发光效率。此壳层要尽可能地薄,保证壳层上的发光中心到外界环境的距离几乎一致。最后在其最外侧包覆一层屏蔽壳层$NaYF_4$,屏蔽壳层材料选择$NaYF_4$,主要是考虑到与中间发光壳层材料尽可能保持一致,这样会使壳层之间衔接的部分晶格尽可能匹配,减少界面的缺陷,也有利于提高发光效率。

2.1.2 多层核壳纳米晶的理论计算

在核壳结构的制备过程中,难点在于如何实现较薄壳层的包覆,针对这一问题,我们采用理论计算壳层厚度与药品用量之间的关系,通过控制药品计量来控制包覆厚度,此种理论计算方法在相关核壳结构报道中也曾被使用[118]。

以包覆$NaYF_4$屏蔽壳层为例,具体的屏蔽壳层厚度与药品剂量的关系计算如下:

$$m_{ss} = m_{css} - m_{cs} = r(V_{css} - V_{cs})$$
$$= \frac{4}{3}\pi\rho N(r_{css}^3 - r_{cs}^3) \qquad (2-1)$$

式中，m_{ss}表示壳层的质量；m_{css}、m_{cs}、V_{css}、V_{cs}、r_{css}、r_{cs}分别代表核壳以及核壳纳米晶的质量、体积、半径；ρ代表$NaYF_4$壳层的材料密度；N代表每摩尔$NaYF_4$中纳米晶的数目。

r和N可以计算如下：

$$r = \frac{m}{V} = \frac{Mn}{\frac{\sqrt{3}}{2}ca^2} = \frac{MN'}{\frac{\sqrt{3}}{2}N_A ca^2} \quad (2-2)$$

其中，M代表$NaYF_4$的摩尔质量；N'代表一个晶胞中包含$NaYF_4$的数目，根据晶胞结构，可知N'等于1.5。对于$NaYF_4$，晶格参数$a = 5.96$ Å（1 Å = 0.1 nm），$c = 3.53$ Å，相对分子质量$M = 187.9$，$\rho = 4.31$ g/cm³。

$$N = \frac{V_{permolar}}{V_{per\ particle}} = \frac{\frac{M}{\rho}}{\frac{4}{3}\pi r^3} \quad (2-3)$$

其中，r代表$NaYF_4/NaYF_4:Yb^{3+}$，Er^{3+}核壳结构纳米晶的半径，在本章的实验中，$r = 10.7$ nm。

2.2 样品的制备及表征

2.2.1 样品的制备

纳米晶制备采用热解法，这种合成方法可实现对纳米晶的形貌、尺寸及晶相的可控合成，具体的合成过程参考已报道过的方法[119]。

$NaYF_4/NaYF_4:Yb^{3+}$，$Er^{3+}/NaYF_4$的制备分为裸核的合成、发光壳层的包覆和屏蔽壳层的包覆三步。下面我们分别对这三步做详细介绍。

纳米晶合成装置如图2-2所示，合成装置主要包括加热系统和气体保护系统。加热系统提供粒子合成过程中所需要的温度；气体保护系统主要在合成过程中提供保护气，避免反应液与空气发生氧化反应。

第一步，裸核的合成。首先，将1 mmol $YCl_3 \cdot 6H_2O$、6 mL油酸和15 mL十八烯放入三口瓶中，通入N_2作为保护气，将反应液搅拌加热到160 ℃，恒温1 h，待反应液变澄清，此时认为$YCl_3 \cdot 6H_2O$完全溶解。然后，将反应液降温至50 ℃，注入NaOH(0.1 g)和NH_4F(0.148 g)的甲醇混合液10 mL，在此温度恒温搅拌30 min，进一步加热到70 ℃，蒸发掉反应液中的甲醇，继续升温到 100 ℃,蒸发掉多余的水分。最后,将温度升高至纳米晶的形成温度 300 ℃,恒温 1 h。关闭加热装置,自然冷却到室温,在反应液中加入乙醇,使纳米晶沉淀,然后以 5 000 r/min 的速度进行离心,离心后的粒子进一步用环己烷和乙醇的混合溶液清洗,将表面多余的离子和油酸清洗掉,反复清洗三遍,将离心出的裸核纳米晶溶解在环己烷中保存。

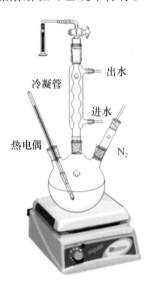

图 2-2　纳米晶合成装置结构示意图

第二步,发光壳层的包覆。纳米晶的包覆过程流程图如图 2-3 所示:在包覆过程中,根据计算,包覆 2 nm 的发光壳层,需将 YCl_3(0.671 mmol)、$YbCl_3$(0.172 mmol)及 $ErCl_3$(0.017 mmol)加入 50 mL 圆底三口瓶中,将反应溶液 5.17 mL 油酸和 12.92 mL 十八烯也加入其中。在整个反应过程中,用 N_2 作为保护气,将其加热到 160 ℃,停留 30 min,使稀土离子完全溶解在有机溶剂中。然后将反应溶液降温至 80 ℃,加入 1 mmol $NaYF_4$ 裸核,恒温搅拌 30 min,继续降温至 50 ℃,加入注入 NaOH(0.086 g)和 NH_4F(0.127 g)的甲醇混合液 5 mL,恒温搅拌 30 min,进一步升温至 80 ℃ 蒸发甲醇,然后升温至 100 ℃ 蒸发水,待其蒸发完全后,升温至反应温度 300 ℃,恒温 90 min。最后冷却至室温,加入乙醇沉淀核壳纳米晶,离心得到产物,利用环己烷和乙醇的混合溶液对纳米晶进行清洗,反复清洗三次,离心得到纳米晶,将核壳结构纳米晶分散到环己烷中保存。

第三步,屏蔽壳层的包覆。屏蔽壳层的包覆方法与发光壳层的包覆方

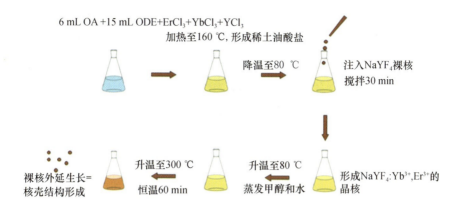

图 2-3 $NaYF_4/NaYF_4:Yb^{3+},Er^{3+}$ 核壳结构纳米晶的合成过程流程图

法很相似,主要的差别就是壳层的成分不同,此外,在屏蔽壳层的包覆过程中,需要上步中的核壳纳米晶作为种子,在其外层进一步包覆。需要特别注意,合成原料的物质的量需根据壳层厚度做调整。

2.2.2 样品的表征

用透射电子显微镜观察了制备的核壳结构纳米晶的形貌,并给出了裸核、核壳,以及多层核壳纳米晶尺寸的统计学分布,如图 2-4 所示。

从图中可以看出,通过理论计算进行包覆,可实现对壳层包覆厚度的有效控制。合成纳米晶的裸核的粒径尺寸为 17.4 nm,发光壳层的包覆厚度为 2.1 nm,通过调节屏蔽壳层源的物质的量,实现了屏蔽壳层厚度 1 nm (图 2-4(c)、(f)),1.8 nm(图 2-4(g)、(j)),2.9 nm(图 2-4(h)、(k)),4.4 nm(图 2-4(i)、(l)),5.3 nm(图 2-4(m)、(p)),6.3 nm(图 2-4(n)、(q)),8.5 nm(图 2-4(o)、(r))的包覆。表 2-1 给出了屏蔽壳层包覆厚度的实验值和计算值,二者的误差小于 0.5 nm。

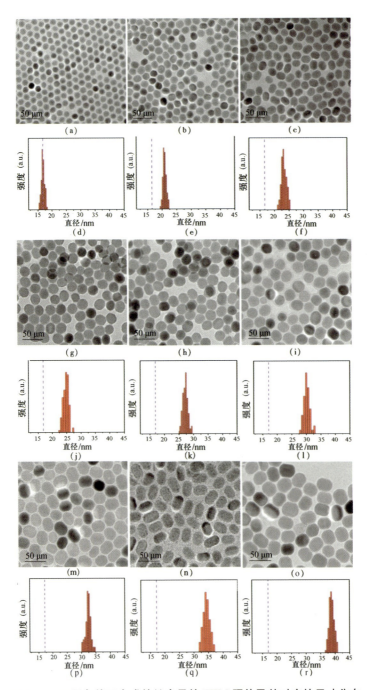

图 2-4 不同条件下合成的纳米晶的 TEM 照片及其对应的尺寸分布

表 2-1 对不同 NaYF$_4$ 屏蔽壳层包覆厚度的计算值及与实验值的对比

计算值/nm	屏蔽壳层的剂量/mmol	纳米粒子的半径/nm	实验值/nm
0	0	21.6	0
1	0.30	23.8	1.0
2	0.67	25.3	1.8
3	1.09	27.5	2.9
4	1.59	30.6	4.4
5	2.15	32.3	5.3
6	2.80	34.3	6.3
8	4.33	38.8	8.5

同时,利用 X 射线衍射分析对制备的纳米晶的结构进行了表征,如图 2-5 所示。

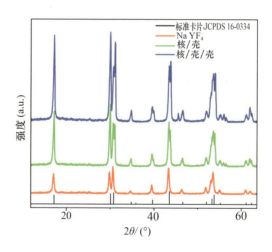

图 2-5 制备样品的 XRD 谱图(分别为 NaYF$_4$ 核,NaYF$_4$/NaYF$_4$:Yb^{3+},Er^{3+} 核壳以及 NaYF$_4$/NaYF$_4$:Yb^{3+},Er^{3+}/NaYF$_4$ 多层核壳纳米晶)

图 2-5 分别给出了裸核、核壳、多层核壳结构的 XRD 谱图以及 JCPDS 卡片 16-0334 β-NaYF$_4$ 的衍射峰,从图中可以看出,裸核、核壳、多层核壳

晶体结构都属于六角相的 $NaYF_4$。此外,存在几个小杂峰,对应于 YF_3 和 YbF_3,这可能是在多次复杂的包覆过程中引入的。

2.3 环境对稀土发光中心上转换发光的影响

2.3.1 Er^{3+} 上转换荧光的产生机制

图 2-6 给出了 Er^{3+} 在 $NaYF_4$ 基质中的上转换荧光光谱,本书只研究 Er^{3+} 典型的 540 nm 附近绿色上转换荧光的产生机制。

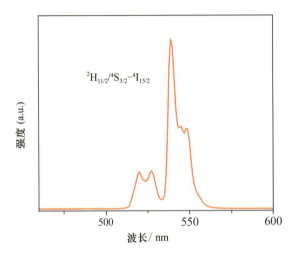

图 2-6 典型的 $NaYF_4:Yb^{3+},Er^{3+}$ 纳米晶的上转换荧光光谱

对于较低功率密度激发的上转换过程,上转换荧光的荧光强度正比于激发光功率的 n 次方,满足如下关系:

$$I_f \propto P^n \quad (2-4)$$

式中,I_f 为荧光强度;P 为激发光的功率;n 为产生上转换荧光的激发过程所需的光子数目。

将式(2-4)两边取对数,可得到如下式子:

$$\lg(I) = n \cdot \lg(P) + C(常数) \quad (2-5)$$

式中的 n 值等于 $\lg(I)$ 函数的斜率,在较低的功率密度下,n 可近似为常数。

在近红外 980 nm 激光激发下,$NaYF_4:Yb^{3+},Er^{3+}$ 样品的 540 nm 上转换荧光强度随激发光功率变化的对数曲线如图 2-7 所示。

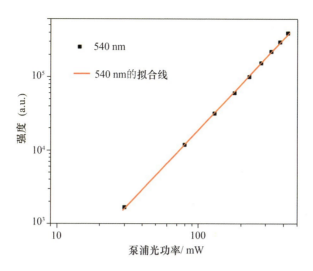

图 2-7　540 nm 上转换荧光强度与泵浦光功率之间的关系

从图中可以看出,荧光强度的对数与激发光的功率的对数成正比,540 nm 荧光的 n 值为 2.0,这个结果说明 540 nm 荧光通过双光子过程进行布局,具体的 Yb^{3+}/Er^{3+} 共掺体系的能级图以及 540 nm 荧光的产生机制如图 2-8 所示[120],Yb^{3+} 先吸收 980 nm 激发光,然后将吸收的能量传递给 Er^{3+} 的基态,处于基态的粒子吸收一个光子从基态跃迁到亚稳态 $^4I_{11/2}$,处于此态的粒子通过能量传递上转换过程使 Er^{3+} 的 $^4F_{7/2}$ 态被布局,然后处在 $^4F_{7/2}$ 态的粒子通过无辐射弛豫过程弛豫到 $^2H_{11/2}/^4S_{3/2}$ 态,最后向基态跃迁产生

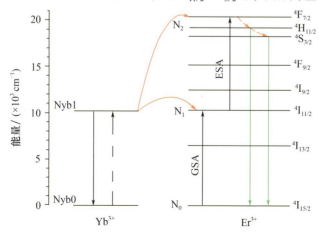

图 2-8　980 nm 激发光激发下 Yb^{3+}/Er^{3+} 共掺体系的能量传递机制

520 nm 和 540 nm 的绿色上转换荧光,说明此过程 Er^{3+} 的绿色上转换荧光是两光子布局过程,与通过功率荧光测量的光子过程数目一致。

2.3.2 环境对发光中心荧光强度的影响

在室温条件下,对合成的核壳结构纳米晶进行荧光光谱的测试,搭建的荧光光谱测试系统如图 2-9 所示,采用 980 nm 近红外激发光,最大功率为 1 W 的二极管激光器作为激发光源。当激发光照射到样品上,会激发出荧光,利用透镜将荧光汇聚到光栅光谱仪(Zolix - SBP300)的狭缝上,经过光栅光谱仪分光后,荧光信号被光电倍增管(Zolix Instrument PMTH - S1 - CR131)探测,探测器将光信号转换成电信号,利用数采对电信号进行采集,最终光谱由计算机输出。荧光的时间分辨光谱和荧光光谱的测试方法差不多,探测器探测到荧光后,将光信号转换成放大的电信号,然后利用示波器输出,在本实验中,采用 Tektronix TDS 5052 示波器来记录荧光衰减曲线。

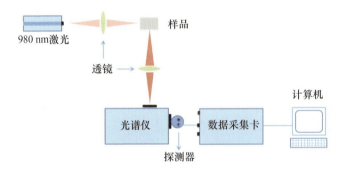

图 2-9 近红外激发光激发下的上转换荧光光谱测试系统

发射壳层建立后,其发光中心到外界环境距离相等,然后调节屏蔽壳层厚度,来探究外界环境对稀土发光中心上转换荧光强度的影响。这里在 $NaYF_4$ 基质材料中,以 Yb^{3+} 作为敏化剂,探究环境对 Er^{3+} 的上转换荧光性质的影响。下面以 Er^{3+} 典型的绿色特征荧光峰来进行分析,Er^{3+} 的绿色上转换荧光来自于 $^2H_{11/2} \rightarrow {}^4I_{15/2}$ 辐射跃迁产生的 520 nm 荧光和 $^4S_{3/2} \rightarrow {}^4I_{15/2}$ 辐射跃迁产生的 540 nm 荧光。图 2-10 给出了不同屏蔽壳层厚度的保护下,发光壳层上发光中心的荧光光谱,具体展示了当屏蔽壳层厚度为 0 nm、1.0 nm、1.8 nm、2.9 nm、4.4 nm、5.3 nm、6.3 nm、8.5 nm 时,在 980 nm 近红外激发光激发下,发光中心的上转换荧光光谱。在光谱测量过程中,整个光学系统保持不变,同时,不同壳层厚度的纳米晶浓度要调节到相同,保证其光谱强度具有可比性。为了观察更清楚,图2-10中的插图是当纳米晶的屏蔽壳层厚度为0 nm时的光谱放大图。从图中可以看出当屏蔽壳层较薄时,其荧光强度随着包覆厚度的增加而加大。此结果说明,屏蔽壳层确实能减少表面的晶格缺陷或者减少发光中心与外界环境中的高能振动基团的相互作用产生的无辐射弛豫,使上转换荧光增强。随着壳层厚度的增加,其荧光强度出现了饱和,说明外界环境中的高能振动基团与发光中心的能量传递作用是有距离要求的,当二者之间距离足够大时,此能量传递过程会被终止,即发光中心完全不受外界环境影响。

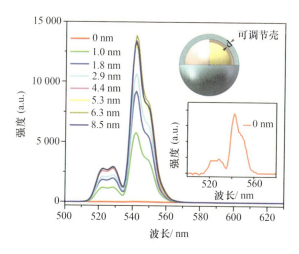

图2-10 不同屏蔽壳层厚度的 $NaYF_4/NaYF_4:Yb^{3+},Er^{3+}/NaYF_4$ 核壳纳米晶的绿色上转换荧光光谱

为了更方便地观察环境对稀土发光中心的影响规律,将任意壳层厚度的荧光强度 $I_g(d)$ 按饱和的荧光强度 $I_g(\infty)$ 做归一化处理,并给出了 $I_g(d)/I_g(\infty)$ 与屏蔽壳层厚度之间的关系,如图2-11所示。发现发光中心540 nm上转换荧光的荧光强度随屏蔽壳层厚度的增加呈指数增长,当屏蔽壳层的厚度趋于0 nm时,其发光中心的540 nm上转换的荧光强度与发光中心的饱和荧光强度相比,会减小到原来的1/356,说明环境会将稀土发光中心的荧光猝灭到原来的1/356。同时,当屏蔽壳层的厚度在4 nm左右时,稀土发光中心的荧光强度可达到其本征荧光强度(饱和荧光强度)的90%左右,即此厚度能消除外界环境影响的90%。如果再增加壳层厚度,对提高其荧光强度作用不明显,而且增加纳米晶的包覆厚度会增大纳米晶的尺寸,不利于纳米晶的生物医学应用。

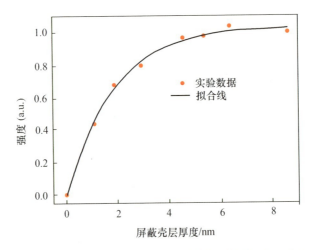

图 2-11 屏蔽壳层厚度与绿色上转换荧光强度之间的关系

2.3.3 环境对发光中心发光机制的影响

下面从理论方面讨论环境对发光中心的发光机制的影响,采用稳态速率方程对稳态下的能量传输规律进行描述:

$$\frac{dN_1}{dt} = 0 = W_0 N_{Yb1} N_0 - W_1 N_{Yb1} N_1 - \frac{N_1}{\tau_1} \quad (2-6)$$

$$\frac{dN_2}{dt} = 0 = W_1 N_{Yb1} N_1 - W_2 N_{Yb1} N_2 - \frac{N_2}{\tau_2} \quad (2-7)$$

$$\frac{dN_{Yb1}}{dt} = 0 = \sigma_{Yb} \rho N_{Yb0} - W_0 N_{Yb1} N_0 - W_1 N_{Yb1} N_1 - \frac{N_{Yb1}}{\tau_{Yb}} \quad (2-8)$$

式中,$N_i(i=0,1,2)$ 分别为 Er^{3+} 的 $^4I_{15/2}$、$^4I_{11/2}$ 及 $^1H_{11/2}/^4S_{3/2}$ 态上的粒子数密度;N_{Yb0} 为 Yb^{3+} 的基态粒子数密度;N_{Yb1} 为 Yb^{3+} 的激发态粒子数密度;$\tau_x(x=1,2)$ 为相关能级的寿命;W_0 为能量传递速率从 Yb^{3+} 的激发态到 Er^{3+} 的基态 N_0;W_1 为能量传递速率从 Yb^{3+} 的激发态到 Er^{3+} 的 N_1 态;ρ 为激光光子数密度;σ_{Yb} 为 Yb^{3+} 的吸收截面。

在上转换过程中,能量传递速率要比相关能级的衰减速率小得多,因此,在式(2-6)和式(2-7)中,上转换相 $W_0 N_{Yb1} N_0$ 和 $W_1 N_{Yb1} N_1$ 将被忽略。考虑到这点,根据式(2-6)~(2-8),N_2 能级的粒子数密度可以描述如下:

$$N_2 = N_0 W_0 W_1 (\sigma_{Yb} \rho N_{Yb0})^2 \tau_{Yb}^2 \tau_2 \tau_1 \quad (2-9)$$

$$I_g = AN_2 \propto \tau_{Yb}^3 \tau_2 \qquad (2-10)$$

式中，A 为 540 nm 上转换发射的跃迁概率，A、N_0、W_1 将不受屏蔽壳层厚度的影响，在这里可被认为是常数；σ_{Yb}、ρ 和 N_{Yb0} 为常数；通常 $^4I_{11/2}$ 能级的衰减时间和 Yb^{3+} 激发态的 $^2F_{5/2}$ 能级的衰减时间可以认为相同[121]。

根据以上条件，可以得到 540 nm 上转换的荧光强度与 Yb^{3+} 激发态寿命的三次方和 $^4F_{7/2}$ 能级寿命的乘积成正比关系。$1/\tau = A = A_0 + W$，A_0 为自发辐射系数，只与材料自身性质有关，在这里可认为是定值；W 为无辐射系数，当屏蔽壳层厚度增加时，调节了无辐射弛豫相，会使 W_0 减小，并使 τ_{Yb} 和 τ_2 同时增加，又因为 540 nm 上转换的荧光强度 I_g 与 Yb^{3+} 激发态寿命的三次方和 N_2 能级寿命的乘积成正比，所以包覆后，理论上可以增强 540 nm 上转换纳米晶的发光。

2.3.4 环境对发光中心辐射能级的影响

上小节基于稳态速率方程，从理论上定性地分析了环境对 540 nm 上转换荧光强度的影响，本小节主要基于上节的理论分析，定量地计算发光中心 540 nm 上转换荧光强度与周围环境变化之间的关系。这里通过调节壳层厚度来调节纳米晶周围环境。根据式(2-9)和式(2-10)可以看出 540 nm 上转换荧光的荧光强度与 Yb^{3+} 激发态寿命的三次方和 Er^{3+} 的 $^4F_{7/2}$ 能级寿命的乘积成正比。根据不同壳层厚度下 Yb^{3+} 激发态能级和 Er^{3+} 的 $^4F_{7/2}$ 能级的时间分辨光谱，拟合出 Yb^{3+} 激发态寿命和 $^4F_{7/2}$ 能级寿命，进而计算出不同壳层厚度下 540 nm 的上转换荧光强度。

图 2-12 给出了典型的核壳结构纳米晶中，Er^{3+}（$^2H_{11/2}/^4S_{3/2} \rightarrow ^4I_{15/2}$）和 Yb^{3+}（$^2F_{5/2} \rightarrow ^2F_{7/2}$）辐射跃迁的时间分辨光谱。通过拟合得到的不同屏蔽壳层厚度纳米晶的寿命的相关值见表 2-2。需要特殊说明的是，$I_g(d)$ 理论值为绿色上转换荧光的荧光强度的理论值，按 $I_g(\infty)$ 理论值归一化的结果；$I_g(d)$ 实验值是绿色上转换荧光的实验值，也同样是按 $I_g(\infty)$ 的实验值归一化的结果。

从结果中发现，随着屏蔽壳层厚度的增加，其 Er^{3+}（$^2H_{11/2}/^4S_{3/2} \rightarrow ^4I_{15/2}$）的寿命在不断地增加，同时，$Yb^{3+}$（$^2F_{5/2} \rightarrow ^2F_{7/2}$）的寿命也在增加，当壳层厚度达到 4 nm 左右时，寿命值也基本趋于饱和。根据相关的寿命值，计算了绿色上转换荧光强度的理论值，为了便于与荧光强度的实验值相比较，将理论计算的荧光强度按荧光强度的饱和值归一化（表 2-2），通过与实验值的比较，发现理论计算的荧光强度随壳层厚度的变化关系与实验值非常接近，定量地揭示了环境对荧光中心发光性质的影响,并能通过包覆有效地阻碍发光中心与环境之间的能量交换,包覆一个约 4 nm 的屏蔽壳层基本就可以阻断发光中心与外界环境之间的能量交换。理论与实验对应很好,说明了实验结果的可靠性。

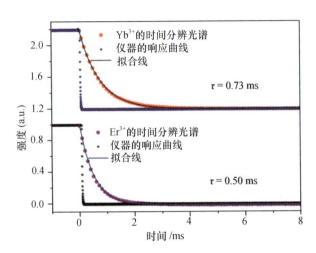

图 2-12　典型的核壳结构纳米晶中 Yb^{3+}($^2F_{5/2} \rightarrow {}^2F_{7/2}$)辐射跃迁的时间分辨光谱及 Er^{3+}($^2H_{11/2}/{}^4S_{3/2} \rightarrow {}^4I_{15/2}$)辐射跃迁的时间分辨光谱

表 2-2　不同屏蔽壳层厚度的纳米晶,Yb^{3+}($^2F_{5/2} \rightarrow {}^2F_{7/2}$)辐射跃迁的衰减时间与 Er^{3+}($^2H_{11/2}/{}^4S_{3/2} \rightarrow {}^4I_{15/2}$)辐射跃迁的衰减时间以及绿色上转换荧光强度的理论值与实验值

厚度 /nm	0	1.0	1.8	2.9	4.4	5.3	6.3	8.5
τ_{Yb}/ms	0.17	0.56	0.66	0.71	0.73	0.75	0.76	0.77
τ_2/ms	0.12	0.42	0.45	0.46	0.50	0.51	0.52	0.52
$\tau_{Yb}^3 \tau_2$	0.000 58	0.073	0.12	0.16	0.19	0.21	0.22	0.23
$I_g(d)_{theo}$	1/396	125/396	206/396	275/396	327/396	362/396	379/396	1
$I_g(d)_{exp}$	1/356	155/356	243/356	283/356	344/356	347/356	367/356	1

2.4 本章小结

本章设计了特殊的核壳 $NaYF_4/NaYF_4:Yb^{3+},Er^{3+}/NaYF_4$ 纳米晶,使发光中心分布在很薄的发光壳层上,通过调节外界屏蔽壳层的厚度来改变外界环境的影响,进而实现环境对稀土发光中心荧光性质影响的研究。

在 980 nm 二极管激光器(Laser Diode,LD)的激发下,得到了 $NaYF_4:Yb^{3+},Er^{3+}$ 发光中心的上转换荧光光谱和时间分辨光谱,并根据 Yb^{3+} 与 Er^{3+} 之间的能量传递机制建立稳态速率方程,从理论和实验两方面讨论屏蔽壳层厚度对稀土发光中心荧光性质的影响。结果表明 $NaYF_4:Yb^{3+},Er^{3+}$ 发光中心荧光强度和 $NaYF_4$ 屏蔽壳层包覆厚度之间满足指数关系,证实环境可将发光中心的荧光强度猝灭到饱和荧光强度的 1/356,通过包覆 4 nm 的屏蔽壳层,可以隔绝发光中心与环境中高能振动基团能量传递作用的 90%。此外,根据能级的辐射性质讨论了环境对发光中心荧光性质影响的原因,结果表明环境影响了辐射能级的无辐射弛豫系数,进而影响了辐射能级跃迁概率,从而使荧光性质发生了变化。

第 3 章 稀土氟化物纳米晶单色近红外光谱的设计

开展影像指导的光动力疗法,需要对病变组织进行成像,然而由于生物体自身缺乏特异性的荧光信号,需要借助于生物荧光探针,因此开发高性能的生物荧光探针已成为生物荧光成像领域研究的热点[122-124]。目前,生物荧光探针主要包括有机荧光染料、半导体量子点和稀土上转换发光材料三类。其中,稀土上转换发光材料近年来受到广泛关注,被认为是新一代理想的生物荧光探针。稀土上转换发光材料具有以下优势[125,126]:首先,上转换荧光探针可以由近红外光激发,这一波段恰好在生物组织光学窗口(800~1 100 nm)范围内,组织穿透性强,可进行深组织荧光成像;其次,近红外激发光能量很低,对组织造成的光损伤小,并且不会激发出组织的自体荧光,对检测信号的干扰小,能实现高对比度的生物荧光成像。此外,稀土上转换纳米晶还具有生物毒性低、光谱谱带窄、光谱丰富等优点,所以稀土上转换纳米晶作为生物荧光探针备受青睐。

然而,稀土上转换纳米晶的荧光一般在可见光谱范围内,这部分光的组织吸收强,组织内的散射也大,透过性差,影响了生物荧光成像的对比度。为了提高激发光的组织透过性,人们利用 Tm^{3+} 近红外区 800 nm 上转换荧光进行成像,来提高成像对比度。但是可见区这部分荧光仍然存在,在组织中有较强的散射,并且还可能激发出组织中内源性荧光物质的自体荧光,这些均会影响荧光成像对比度。

针对这个问题,本章调制出近红外单色的上转换荧光进行高对比度的荧光成像。采用非常适合生物应用的 $NaYF_4:Yb^{3+},Tm^{3+}$ 作为研究对象,对 $NaYF_4:Yb^{3+},Tm^{3+}$ 的上转换荧光光谱进行调制,消除 Tm^{3+} 可见区上转换光,实现 800 nm 单色上转换荧光,进而利用 800 nm 单色上转换荧光在模型中开展生物荧光成像。

3.1 基于 $NaYF_4:Yb^{3+},Tm^{3+}$ 纳米晶的 800 nm 单色上转换荧光光谱的设计

图 3-1 给出了典型的近红外光激发下,$NaYF_4:Yb^{3+},Tm^{3+}$ 纳米晶中

Tm^{3+}的上转换荧光光谱,从图中可以看出,Tm^{3+}有六个主要的荧光峰,Tm^{3+}的上转换发光峰分别位于450 nm、470 nm、650 nm、670 nm、720 nm、800 nm,它们分别来自于$^1D_2 \to {}^3F_4$、$^1G_4 \to {}^3H_6$、$^1G_4 \to {}^3F_4$、$^3F_3 \to {}^3H_6$、$^1G_4 \to {}^3H_5$、$^3H_4 \to {}^3H_6$的辐射跃迁。这里只考虑位于470 nm和800 nm的荧光,其他的位于450 nm、650 nm、670 nm、720 nm的发射可以忽略,因为它们的强度和470 nm相比小很多,认为其散射很小,并且产生的自体荧光也微乎其微,所以对生物荧光成像的影响不计。

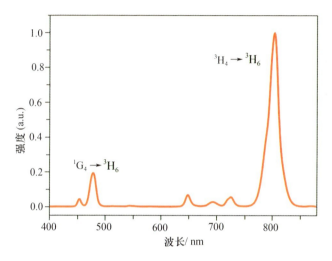

图3-1　980 nm 激发光激发下,NaYF$_4$ 基质中 Yb^{3+}/Tm^{3+}共掺体系的上转换荧光光谱

图3-2给出了不同Tm^{3+}掺杂浓度的NaYF$_4$:Yb^{3+},Tm^{3+}的上转换发射的产生机制。对于470 nm上转换荧光,主要通过三次能量传递过程,从Yb^{3+}到Tm^{3+},使$^1G_4$能级被布局,然后向基态辐射,产生470 nm荧光。对于800 nm上转换荧光的产生通过两光子过程,主要的产生机制很可能是Tm^{3+}的基态吸收Yb^{3+}传递的能量,使$^3H_5$被布局,然后向下无辐射弛豫到$^3F_4$能级,此能级上的粒子再通过能量传递过程布局$^3F_{2,3}$态,再向下无辐射弛豫到$^3H_4$能级,$^3H_4$能级向基态$^3H_6$辐射跃迁产生800 nm上转换荧光。

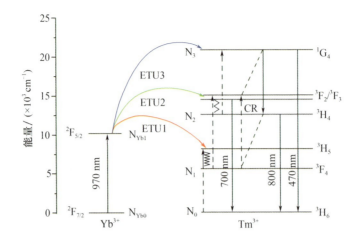

图 3-2　在 Yb^{3+}/Tm^{3+} 共掺体系中上转换荧光的产生机制

800 nm 单色上转换荧光主要通过调节 Tm^{3+} 浓度来实现,当 Tm^{3+} 浓度增加时,Tm^{3+} 之间的间距减小,导致 $^1G_4 \to {}^3H_4$ 和 $^3F_4 \to {}^3F_2$ 能级之间的交叉弛豫增强,导致 $^1G_4$ 能级粒子数减少,进而 470 nm 上转换荧光猝灭,$^3H_4$ 能级粒子将增加,导致 800 nm 上转换荧光被保留下来,并实现较高的 I_{800}/I_{470},这里我们用 I_{800}/I_{470} 的荧光强度比来衡量 800 nm 发射的单色性。

3.2　样品的制备及表征

3.2.1　样品的制备

具体的合成方法如下:

(1) 先将 $YCl_3 \cdot 6H_2O$、$YbCl_3 \cdot 6H_2O$、$TmCl_3 \cdot 6H_2O$(总量 1 mmol)加入三口瓶中。

(2) 通入 N_2 作为保护气,将反应液搅拌加热到 160 ℃,恒温 1 h,观察到反应液澄清,此时认为 $YCl_3 \cdot 6H_2O$ 完全溶解。

(3) 将反应液降温至 50 ℃,注入 NaOH(0.1 g)和 NH_4F(0.148 g)的甲醇混合液 10 mL,在此温度恒温搅拌 30 min。

(4) 进一步加热到 70 ℃,蒸发掉反应液中的甲醇,继续升温到 100 ℃,蒸发掉多余的水分。

(5) 将温度升高到纳米晶的形成温度 300 ℃,恒温 1 h。

(6)关闭加热装置,自然冷却到室温,在反应液中加入乙醇,使纳米晶沉淀,然后5 000 r/min 的速度进行离心,得到 NaYF$_4$ 纳米粒子。

(7)离心后的 NaYF$_4$ 纳米粒子进一步用环己烷和乙醇的混合溶液清洗,将表面多余的离子和油酸清洗掉,反复清洗三遍,将离心出的裸核纳米晶溶解在环己烷中保存。

3.2.2 样品的表征

通过 TEM 测试对样品的形貌进行表征。本研究中合成了不同 Tm^{3+} 掺杂浓度的 NaY$_{0.8-x}$F$_4$:Yb$_y$,Tm$_x$($y=20\%$;$x=0.3\%$、1%、2%、3%、4%),Tm^{3+}掺杂浓度在 0.3%、1%、2%、3%、4% 的 NaY$_{0.8-x}$F$_4$:Yb$_y$,Tm$_x$ 纳米晶分别对应图3-3中(a)~(e)。从图中可以看出,不同掺杂浓度的纳米晶的尺寸很接近,都在 20 nm 左右,同时,纳米晶呈球形,形貌均一,分散性好,非常适合生物应用。

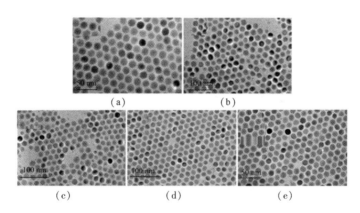

图 3-3 NaY$_{0.8-x}$F$_4$:Yb$_y$,Tm$_x$ 纳米晶 TEM 图像
(Tm^{3+} 浓度分别为(a)0.3%;(b)1%;(c)2%;(d)3%;(e)4%)

图3-4给出了典型的纳米晶(NaYF$_4$:20% Yb^{3+},4% Tm^{3+})的 HRTEM 图像,从图中可以看出,纳米晶的结晶度很好,能观察到清晰的晶格结构,通过测量可以得到其面间距为 0.297 nm,与六角相的 NaYF$_4$($11\bar{2}0$)面间距相对应。

图 3-4　$NaYF_4:Yb^{3+},Tm^{3+}$ 上转换纳米晶典型的 HRTEM 图像

进一步对样品进行 X 射线衍射(XRD)分析,这里给出了典型的纳米晶($NaYF_4:20\%Yb^{3+},4\%Tm^{3+}$)的 XRD 谱图,如图 3-5 所示,样品 XRD 谱图的衍射峰和 β-$NaYF_4$ 的 JCPDS 卡片 16-0334 相匹配,说明合成的样品是 β 相的 $NaYF_4$ 纳米晶,上转换发光效率高。

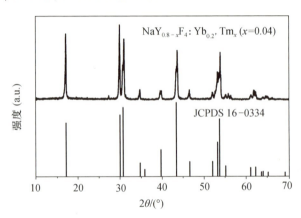

图 3-5　$NaYF_4:Yb^{3+},Tm^{3+}$ 上转换纳米晶典型的 XRD 谱图及 JCPDS 标准卡片

3.3　Tm^{3+} 的掺杂浓度对上转换发光的影响

对不同 Tm^{3+} 掺杂浓度的 $NaYF_4:20\%Yb^{3+},4\%Tm^{3+}$ 纳米晶的上转换荧光光谱进行测试,采用 980 nm 二极管激光器作为激发光源,利用光电倍增管(Zolix Instrument PMTH-S1-CR131)进行探测。

图 3-6 给出了按 800 nm 荧光强度归一化的上转换荧光光谱,观察

470 nm荧光强度的相对变化,发现470 nm的荧光峰随Tm^{3+}掺杂浓度的增大而减弱,也就是说I_{800}/I_{470}随Tm^{3+}的掺杂浓度升高而增加,说明800 nm近红外荧光的单色性越来越好。

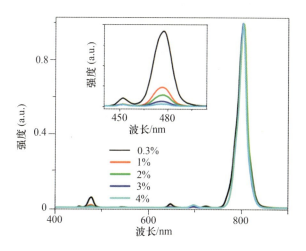

图3-6 不同Tm^{3+}掺杂浓度的$NaY_{0.8-x}F_4:yYb,xTm$
($y=20\%$; $x=0.3\%$,1%,2%,3%,4%)纳米晶上转换荧光光谱

图3-7给出了$NaYF_4:20\% Yb^{3+},4\% Tm^{3+}$的上转换荧光光谱,从光谱中可以观察到当$Tm^{3+}$浓度掺杂到4%时,470 nm上转换荧光与800 nm上转换荧光相比,几乎全部消失,基本实现了单色的800 nm上转换荧光,因此,掺杂浓度4%的上转换纳米晶可以被认为是生物荧光成像的理想材料。为了进一步验证该结论,观察了I_{800}/I_{470}随Tm^{3+}掺杂浓度的变化关系。图3-8给出了Tm^{3+}掺杂浓度与I_{800}/I_{470}的关系,随着Tm^{3+}浓度的增加,I_{800}/I_{470}呈指数增长,当Tm^{3+}掺杂浓度达到4%时,其荧光强度比可高达757,这比980 nm激发的$GdF_3:Yb^{3+},Tm^{3+}$的I_{800}/I_{470}高7倍[127]。可以看出实验结果与本书的光谱设计思想相符合,随着Tm^{3+}掺杂浓度的增加,离子间距离拉近,导致$^1G_4 \to {}^3H_6$和$^3F_4 \to {}^3F_2$的交叉弛豫增强,进而降低了$^1G_4$的粒子数密度,导致470 nm荧光强度降低,然而,$^3F_2$能级的粒子数布局增多,进一步向$^3H_4$能级弛豫,800 nm荧光增强。

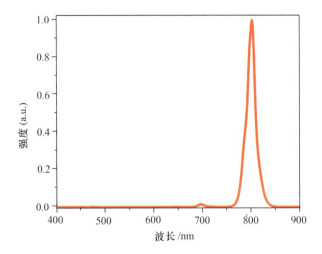

图 3-7 Tm^{3+} 掺杂浓度为 4% 的 $NaYF_4:Yb^{3+}, Tm^{3+}$ 上转换纳米晶的上转换荧光光谱

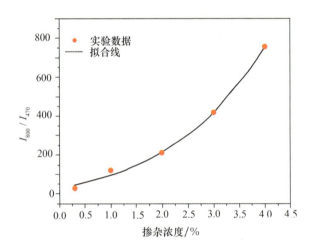

图 3-8 800 nm 与 470 nm 上转换荧光强度比与 Tm^{3+} 掺杂浓度之间的关系

3.4 理论分析 Tm^{3+} 掺杂浓度对 800 nm 荧光的影响

3.4.1 $NaYF_4:Yb^{3+}, Tm^{3+}$ 中稳态速率方程的建立

可根据 Yb^{3+} 与 Tm^{3+} 之间的能量传递关系,通过上转换过程中的稳态速

率方程从理论上探究 Tm^{3+} 的掺杂对 $NaY_{1-x}F_4:20\%\ Yb^{3+},xTm^{3+}$ 纳米晶 800 nm 上转换荧光单色性的影响。$NaY_{1-x}F_4:20\%\ Yb^{3+},xTm^{3+}$ 体系的稳态速率方程可以描述如下:

$$\frac{dN_1}{dt} = 0 = W_0 N_{Yb1} N_0 - W_1 N_{Yb1} N_1 - \frac{N_1}{\tau_1} \quad (3-1)$$

$$\frac{dN_2}{dt} = 0 = W_1 N_{Yb1} N_1 - W_2 N_{Yb1} N_2 - \frac{N_2}{\tau_2} \quad (3-2)$$

$$\frac{dN_3}{dt} = 0 = W_2 N_{Yb1} N_2 - \frac{N_3}{\tau_3} \quad (3-3)$$

$$\frac{dN_{Yb1}}{dt} = 0 = \rho \sigma_{Yb} N_{Yb0} - W_0 N_{Yb1} N_0 - W_1 N_{Yb1} N_1 - W_2 N_{Yb1} N_2 - \frac{N_{Yb1}}{\tau_{Yb1}}$$

$$(3-4)$$

式中,$N_i(i=0,1,2,3)$ 分别为 Tm^{3+} 的 $^3H_6$、$^3F_4$、$^3H_4$ 及 $^1G_4$ 能级的粒子数密度;N_{Yb0} 和 N_{Yb1} 为 Yb^{3+} 基态和激发态的粒子数密度;$\tau_x(x=1,2,3)$ 为相对应能级的寿命;$W_i(i=1,2,3)$ 为 Yb^{3+} 激发态到 Tm^{3+} 的 $N_i(i=0,1,2)$ 能级的能量传递速率;ρ 为激光光子数密度;σ_{Yb} 为 Yb^{3+} 的吸收截面。

根据以上的稳态速率方程,式(3-4)中上转换相在方程中的贡献远小于激发光的作用,所以这里可以忽略掉。同时,式(3-1)和式(3-2)中,上转换能量传输过程也远小于相关能级向下辐射跃迁的能量传输过程,其中的上转换相也可以被忽略掉。通过这种方式,根据式(3-1)~(3-4),N_2 和 N_3 能级的粒子数密度可以表达为如下形式:

$$N_2 = \rho^2 \sigma_{Yb}^2 W_0 W_1 N_0 (N_{Yb0} \tau_{Yb1})^2 \tau_1 \tau_2 \propto I_{800} \quad (3-5)$$

$$N_3 = \rho^3 \sigma_{Yb}^3 W_0 W_1 W_2 N_0 (N_{Yb0} \tau_{Yb1})^3 \tau_1 \tau_2 \tau_3 \propto I_{470} \quad (3-6)$$

其中,只有 τ_x 是变量,其他的参数都可以看作常数,根据以上推得的结果,I_{800}/I_{470} 从理论上可以描述为

$$I_{470}/I_{800} \propto \tau_{Yb1} \tau_3 \quad (3-7)$$

从式(3-7)可以看出,470 nm 荧光强度与 800 nm 荧光强度比只与 Yb^{3+} 激发态寿命以及 $^1G_4$ 能级的寿命有关,当体系中的 Tm^{3+} 浓度增加时,Yb^{3+} 与 Tm^{3+} 的能量传递作用会增强,所以 Yb^{3+} 激发态的寿命将减小。同时,Tm^{3+} 内部 $^1G_4 \rightarrow ^3H_4$ 和 $^3F_4 \rightarrow ^3F_2$ 的交叉弛豫增强,导致 $^1G_4$ 的寿命减小。即当 Tm^{3+} 掺杂浓度增加时,τ_3 与 τ_{Yb1} 的乘积将减小,I_{800}/I_{470} 将增大。根据以上理论分析可知,随着 Tm^{3+} 掺杂浓度的增加,800 nm 与 470 nm 的荧光强度比会提高,进而实现单色的 800 nm 上转换荧光的发射。

3.4.2 理论计算 Tm^{3+} 掺杂浓度对 800 nm 荧光单色性的影响

上节基于稳态速率方程,从理论上定性地分析了 Tm^{3+} 的掺杂浓度对上转换 800 nm 荧光单色性的影响,本小节基于上小节的分析,从理论上定量研究 800 nm 上转化荧光的单色性,计算 Tm^{3+} 掺杂浓度与 I_{800}/I_{470} 之间的关系。

根据上节推得的 I_{800}/I_{470} 荧光强度比公式

$$I_{470}/I_{800} \propto \tau_{Yb1}\tau_3$$

可以看出,470 nm 与 800 nm 的荧光强度比正比于 $\tau_3\tau_{Yb1}$ 的乘积。若要得到 I_{800}/I_{470} 的理论值,需要测量 Yb^{3+} 激发态能级和 Tm^{3+} 的 $^1G_4$ 能级的时间分辨光谱,拟合出寿命,进而计算出 I_{800}/I_{470}。

图 3-9 给出了在 $NaY_{0.8-x}F_4:Yb_y,Tm_x$ ($y=20\%$; $x=0.3\%$)中典型的 Yb^{3+} 激发态能级 $^2F_{5/2} \rightarrow ^2F_{7/2}$ (980 nm)的时间分辨光谱以及 Tm^{3+} 的 $^1G_4 \rightarrow ^3H_6$ (470 nm)时间分辨光谱,通过拟合可以得到相应能级的寿命,Yb^{3+} 激发态的寿命较长,Tm^{3+} 的寿命相对较短。表 3-1 给出了不同 Tm^{3+} 掺杂浓度下,Yb^{3+} 激发态的衰减时间 τ_{Yb1} 以及 Tm^{3+} 的 $^1G_4$ 衰减时间 τ_3,发现 Yb^{3+} 激发态的衰减时间 τ_{Yb1} 以及 Tm^{3+} 的 $^1G_4$ 衰减时间随 Tm^{3+} 掺杂浓度的增加而不断减小,这与先前 Prorok 的报道相一致[128]。同时,根据 Yb^{3+} 激发态的寿命 τ_{Yb1} 以及 Tm^{3+} 的 $^1G_4$ 能级的寿命 τ_3,计算出 800 nm 与 470 nm 的荧光强度比 I_{800}/I_{470} 随 Tm^{3+} 浓度变化的理论值,发现 I_{800}/I_{470} 随 Tm^{3+} 掺杂浓度的增加在逐渐增加。进一步将 I_{800}/I_{470} 的理论值与实验值进行比较,通过对比发现二者符合得较好,说明理论推导分析的正确性以及实验的准确可靠性。

表 3-1 $NaY_{0.8-x}F_4:yYb,xTm(y=20\%;x=0.3\%,1\%,2\%,3\%,4\%)$ 纳米晶中,Tm^{3+} 的 $^1G_4 \rightarrow ^3H_6$ 辐射跃迁的衰减时间和 Yb^{3+} 的 $^2F_{5/2} \rightarrow ^2F_{7/2}$ 辐射跃迁的衰减时间,以及 800 nm 和 470 nm 上转换荧光强度比的实验值和理论值

掺杂浓度	τ_{Yb1}/ms	τ_3/ms	I_{800}/I_{470} 理论值	I_{800}/I_{470} 实验值
0.003	1.77	0.95	31	31
0.01	1.07	0.47	103	122
0.02	0.80	0.35	185	209
0.03	0.58	0.26	344	416
0.04	0.39	0.16	833	757

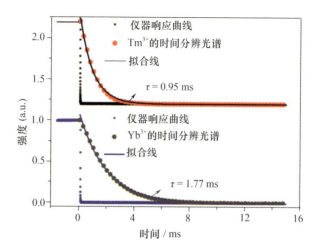

图 3-9 NaYF$_4$:20%Yb^{3+},0.3%Tm^{3+}纳米晶中,Tm^{3+}的$^1G_4 \to {}^3H_6$(470 nm)辐射跃迁以及 Yb^{3+}的$^2F_{5/2} \to {}^2F_{7/2}$(980 nm)辐射跃迁的时间分辨光谱以及系统响应函数

3.5 NaYF$_4$:Yb^{3+},Tm^{3+}纳米晶上转换荧光量子产率的研究

3.5.1 荧光量子产率的测量方法研究

本书采用积分球光谱技术对上转换荧光量子产率进行测量,积分球采用蓝菲光学的 3.3 英寸的全反射积分球,其内部喷涂了反射率可到 99% 的涂料。利用标准灯对光谱的测量系统进行校准,可以获得光谱的准确强度,这样得到的吸收粒子数和发射粒子数才可以用来计算绝对量子产率。采用 980 nm 的二极管激光器作为激发光源,激发光功率密度为 96 W/cm^2。绝对量子产率可以表达为

$$\eta = \frac{发射光子数}{吸收光子数}$$

具体的上转换荧光量子产率的测量过程如图 3-10 所示。

量子产率的测量分为三步:第一步,腔内不放样品,激发光平行于探测器的方向入射,避免激发光直接进入探测器,这样可以使光在积分腔内发生多次漫反射过程,形成均匀光场,进而可以探测到准确的漫反射激荧光强度;第二步,在积分腔内放入样品,激发光不经过样品,直接打到腔壁上,通

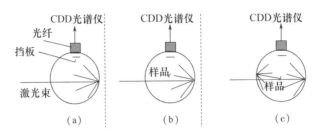

图 3-10　上转换荧光量子产率测量步骤示意图[129]

过腔壁反射光来激发样品,然后分别探测荧光强度和激荧光强度;第三步,激发光直接照射到腔内的样品上,但样品摆放的位置需要进行调整,使其反射的激发光不能直接被探测器探测到,而是反射到积分腔内壁上,进一步激发样品,然后再分别探测荧光强度和激荧光强度。用 L_a、L_b、L_c 分别表示图 3-10(a)~(c)步骤中,将激发光直接打到不放样品的腔中,将激发光打到有样品的腔中,以及将激发光直接打到腔中的样品上,三种情况下探测器所能探测到的激发光的光子数;用 P_a、P_b、P_c 分别表示将激发光直接打到不放样品的腔中,将激发光打到有样品的腔中,以及将激发光直接打到腔中的样品上,三种情况下探测到荧光的光子数;用 A 代表样品对激发光的吸收系数;用 μ 表示积分球散射的激发光被样品吸收的比例系数,则有

$$L_b = L_a(1-\mu) \quad (3-8)$$

$$L_c = L_a(1-\mu)(1-A) \quad (3-9)$$

根据式(3-8)与式(3-9),A 可以表达为 $(1-L_c/L_b)$。

在实验(c)中,散射光对光谱测量的贡献可以表述为 $(1-A)(L_b+P_b)$ 这样的形式,因为实验(c)与实验(b)的差别在于实验(c)有激光的直接吸收对荧光的贡献,同时也有散射激光的吸收对荧光的贡献,而实验(b)只有样品对散射激发光的吸收对荧光的贡献,二者的差别在于直接吸收那部分产生的荧光,这也正是本书想要得到的荧光强度。实验(b)的散射激发光产生的总光强为 L_b+P_b,而对于实验(c)来说,其散射激发光对总光强的贡献部分为 $(1-A)(L_b+P_b)$,二者之间只差入射激发光的首次吸收。同时对于实验(c),激发光被样品首次吸收对总光强的贡献可以表达成 $\eta L_a A$,可理解为激发光首次激发样品时的吸收乘以量子转换效率。

对于实验(c)而言,总的探测光强可以表达为

$$L_c + P_c = (1-A)(L_b+P_b) + \eta L_a A \quad (3-10)$$

$$L_c = (1-A)L_b \quad (3-11)$$

第3章 稀土氟化物纳米晶单色近红外光谱的设计

根据式(3-10)与式(3-11),荧光量子产率可被描述为

$$\eta = \frac{P_c - (1-A)P_b}{AL_a} \qquad (3-12)$$

3.5.2 荧光量子产率的测量系统的研究

图3-11给出了上转换荧光量子产率测量系统的照片,此测量系统主要由以下几部分组成:积分球、近红外980 nm光源、光谱仪、光电倍增光/近红外探测器,以及数据采集卡、计算机。在量子产率的测试过程中,光谱的测试和前面介绍的荧光光谱的测试相似,这里需要特殊说明的是在测试时要用到积分球,同时要对荧光光谱进行校准。下面对这两方面的问题进行详细说明。

图3-11 上转换荧光量子产率测量系统

本书采用的是Labsphere 3.3英寸(1英寸=2.54 cm)反射积分球,内部涂有Spectralon材料。Spectralon材料稳定性高、反射率高,其具体数值如图3-12所示,这些数据来自产品说明书。从图中可以看出,其反射率在400~1 500 nm波长范围可以达到99%,而1 500~2 500 nm波长范围仍然可以达到95%,其满足理想积分球的条件。当入射光进入积分球后,通过多次反射

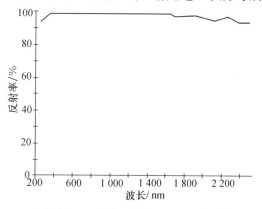

图3-12 积分腔在不同波长处的反射率

可以在积分球内形成均匀光场,此积分球是量子产率测量过程中的核心元件。在量子产率测量过程中,积分球表面开孔数应尽可能少,尽可能避免光子数测量过程中的误差,通常情况下,开孔面积小于积分球腔内总表面积的5%。实验中,积分球表面开两个孔。一个开孔在底端,通过这个开孔放样品;另一个开孔在积分球的侧面,作为出光孔,出光孔的光由透镜汇聚到光谱仪的狭缝处,进一步被检测。

在测量荧光量子产率之前,需要对光谱进行校准。在光谱校准过程中,采用的是 12 V/20 W 的卤素灯,也称为标准灯,标准灯在宽谱范围内有标准的光谱强度,利用测量系统对标准灯进行光谱测量,将测量光谱除以标准谱就可以得到系统对不同波段光谱的响应,最后,用测量的光谱除以系统的响应函数,就可以得到校准后的光谱曲线。然而,想测量上转换荧光的量子产率,上转换过程的激发光需采用近红外 980 nm 激光,而标准灯的光谱范围为 350~800 nm,近红外光不在此范围内,这里通过黑体辐射公式利用外推法给出标准灯谱在近红外区的谱线。

黑体辐射公式在波长 λ 处的光谱功率分布为

$$P(\lambda) = \frac{2\pi hc^2}{\lambda^5} \frac{1}{\exp(hc/\lambda kT) - 1} \quad (3-13)$$

式中,$P(\lambda)$ 为光谱功率分布;h 为普朗克常数,$h = 6.626\,069\,3 \times 10^{-34}$ J·s;c 为真空中的光速,$c = 3 \times 10^8$ m/s,T 为绝对温度;k 为玻耳兹曼常数,$k = 1.380\,650\,5 \times 10^{-23}$ J/K。

根据式(3-13),采用外推法来给出标准灯在近红外区的标准光谱,如图 3-13 所示。将光谱拓展到 1 040 nm,从图中可以看出,在 400~800 nm

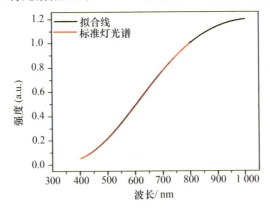

图 3-13 黑体辐射公式外推标准灯在近红外区的光谱

波段,采用外推法得到的拟合谱线与标准谱线符合得很好,说明拟合曲线的准确性和拓展区域谱线的可靠性,通过这种方法可得到标准灯在近红外区的标准光谱。

根据标准灯标准谱线对测量系统进行校准,得到系统的响应函数:

$$M(\lambda) = S(\lambda)R(\lambda) \tag{3-14}$$

式中,$M(\lambda)$ 为标准灯的测量光谱;$S(\lambda)$ 为标准灯的标准谱;$R(\lambda)$ 为荧光量子产率测量系统的响应函数。

在已知标准灯的标准谱及测量谱后,就可以得到系统的响应函数 $R(\lambda)$。

由于要采用 980 nm 激发,检测 470 nm 及 800 nm 的上转换荧光量子产率,因此分别采用近红外探测器和光电倍增管对激发光和荧光进行探测,图 3-14 和图 3-15 给出了可见区的系统响应曲线以及近红外区的系统响应曲线。

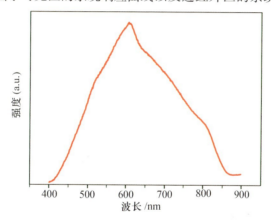

图 3-14 波长为 400~900 nm 的系统响应曲线

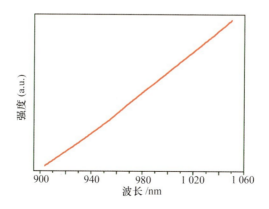

图 3-15 波长为 900~1 060 nm 的系统响应曲线

3.5.3 Tm^{3+} 掺杂浓度对上转换荧光量子产率影响的研究

在相同的激发条件下,利用同样的测量系统,测量了不同 Tm^{3+} 掺杂浓度的 $NaYF_4:Yb^{3+},Tm^{3+}$ 的上转换荧光量子产率。图 3-16 给出了测量上转换荧光量子产率的完整光谱,分别为 L_a、L_b、L_c 以及 470 nm 和 800 nm 的 P_b 和 P_c,由于荧光与激发光相比很弱,所以均按比例进行放大。根据前面推导的公式,就可以计算出上转换荧光 470 nm 及 800 nm 的荧光量子产率。

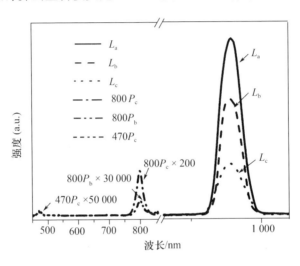

图 3-16 $NaYF_4:20\%Yb^{3+},4\%Tm^{3+}$ 纳米晶荧光量子产率测量的完整光谱

为了定量地研究在 $NaY_{1-x}F_4:20\%Yb^{3+},xTm^{3+}$ 中,Tm^{3+} 掺杂浓度对 470 nm 及 800 nm 上转换荧光量子产率的影响,采用上述方法测量了 Tm^{3+} 掺杂的不同浓度样品的 470 nm 及 800 nm 的量子产率,如图 3-17 所示。随着 Tm^{3+} 掺杂浓度的增加,470 nm 上转换荧光的量子产率迅速减小,而 800 nm 上转换荧光的效率变化不大,即随着 Tm^{3+} 掺杂浓度的增加,I_{800}/I_{470} 在逐渐增大,当 Tm^{3+} 浓度达到 4% 时,470 nm 荧光的量子产率在 7×10^{-7},而 800 nm 的荧光量子产率在 3.9×10^{-3},相差四个数量级,此时 470 nm 的荧光强度相对于 800 nm 的荧光强度可以忽略不计,基本实现了单色的 800 nm 上转换荧光。同时,800 nm 的荧光量子产率仍可达到 3.9×10^{-3},与目前报道的稀土纳米晶的上转换荧光的量子产率相当,基本可以满足生物荧光成像的需要。

第3章 稀土氟化物纳米晶单色近红外光谱的设计

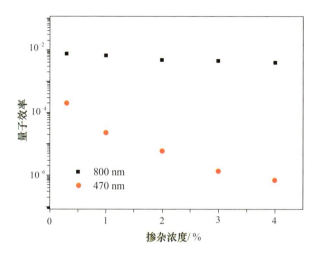

图 3-17 980 nm 近红外光激发下，$NaY_{0.8-x}F_4:yYb,xTm$ ($y=20\%$; $x=0.3\%$, 1%, 2%, 3%, 4%) 纳米晶的 470 nm 以及 800 nm 上转换荧光的量子产率

3.6 高对比度生物荧光成像的研究

3.6.1 荧光成像系统的设计

荧光成像系统主要由 980 nm 激光器、组织模拟装置、CCD、反 980 nm 滤光片和透镜组成。

具体的成像系统示意图如图 3-18 所示，成像系统由 980 nm 电流可调节的二极管激光器作为光源，利用透镜将激光进行扩束，使其均匀地辐照培养皿的底部，当光激发培养皿中的纳米晶 $NaY_{0.8-x}F_4:yYb,xTm$ ($y=20\%$; $x=0.3\%$, 1%, 2%, 3%, 4%) 时，纳米晶产生上转换荧光，然后被上方的 CCD 收集探测进行成像。由于 980 nm 激发光相对荧光强度较大，如果直接用 CCD 进行探测，980 nm 激发光会掩盖荧光信号。针对这个问题，本书采用 900 nm 短波通滤光片，此滤光片的信息如图 3-19 所示，截止波长在 900 nm，OD 值≥2.0，直径 12.5 mm，将其置于 CCD 前端，可以将 980 nm 激光滤掉，实现上转换荧光信息的探测。

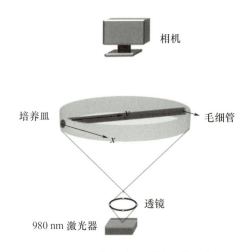

图 3-18 荧光影像测量系统示意图

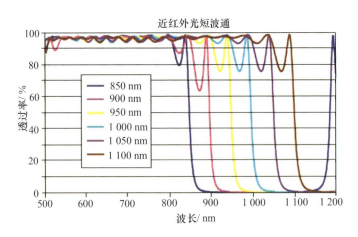

图 3-19 900 nm 短波通滤光片在不同波长处的透过率

3.6.2 组织模型的建立

本章采用组织模型来模拟组织。在组织中主要成分为水和脂肪,所以采用与之接近的水和脂肪乳的混合液来模拟组织,其中包括 10% 的脂肪乳和 90% 的水。将其加入厚 1 cm、直径 5.5 cm 的培养皿中。为了模拟组织的自体荧光,向上述溶液中加入 2 mL 的 40 μmol/L 的罗丹明 B,模拟组织液中内源性荧光物质,组织模型的光学参数参考了 Van 等的报道[130]。在近红外激发光

第3章 稀土氟化物纳米晶单色近红外光谱的设计

980 nm 波长处,散射系数 $\mu'_s(980\text{ nm}) = 6.83 \text{ mm}^{-1}$,吸收系数 $\mu_a(980\text{ nm}) = 0.26 \text{ mm}^{-1}$;在发射波长 470 nm 处,散射系数 $\mu'_s(470\text{ nm}) = 16.42 \text{ mm}^{-1}$,吸收系数 $\mu_a(470\text{ nm}) = 0.016 \text{ mm}^{-1}$;在上转换发射 800 nm 波长处,散射系数 $\mu'_s(800\text{ nm}) = 8.93 \text{ mm}^{-1}$,吸收系数 $\mu_a(800\text{ nm}) = 0.070 \text{ mm}^{-1}$。

3.6.3 基于 800 nm 单色荧光开展高对比度的生物荧光成像的研究

组织模型建立后,将 $\text{NaY}_{0.8-x}\text{F}_4:y\text{Yb},x\text{Tm}$($y = 20\%$;$x = 0.3\%$,1%,2%,3%,4%)放入毛细管中,纳米晶的质量分数为 1%,毛细管的内部直径为 0.9 mm,外部直径为 1.1 mm,然后将其浸没在上述组织模型中,浸没的深度在距组织模型上表面 4 mm 处。在培养皿下部利用扩束的功率为 60 mW 的 980 nm 激发光来激发稀土离子,产生上转换荧光,然后在其上方利用 CCD 来接收荧光信号,探测器前端放置反 980 nm 滤光片,防止激发光过强掩盖荧光信号。

图 3-20 给出了荧光成像图片,图(a)和图(b)对比了利用 470 nm 及 800 nm 混合荧光进行成像和单色的 800 nm 荧光进行成像,发现利用 800 nm 和 470 nm 混合荧光进行成像呈现出很强的背景荧光。这主要归因于 470 nm 荧光的散射和这部分荧光激发出的自体荧光,然而,利用单色的 800 nm 荧光

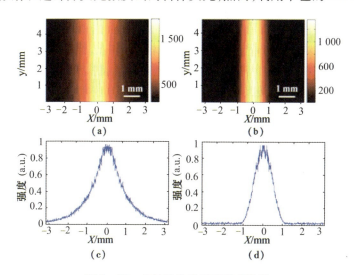

图 3-20 上转换纳米晶荧光成像图

(a) 未消除 470 nm 荧光的纳米晶荧光成像;(b) 消除 470 nm 荧光的纳米晶荧光成像;
(c) 为(a)的截面荧光强度分布图;(d) 为(b)的截面荧光强度分布图

进行成像,具有较高的对比度和空间分辨率。图 3-20(c) 和(d) 分别是图 3-20(a)和(b)截面的荧光强度分布图,利用 470 nm 和 800 nm 混合荧光成像的荧光强度分布的半峰宽是利用单色 800 nm 荧光成像荧光强度分布的半峰宽的 1.45 倍,也就是说利用单色的 800 nm 上转换荧光进行成像的对比度比利用 470 nm 及 800 nm 混合荧光成像提高 1.45 倍。

在荧光成像中,影像的对比度主要由荧光探针的荧光性质决定。理想的荧光探针需要尽可能少的荧光散射和组织自体荧光,这样可以减少杂散光对荧光信号的干扰,实现高对比度的生物荧光成像。因此,$NaYF_4$: 20% Yb^{3+}, 4% Tm^{3+} 的单色 800 nm 上转换荧光非常适合开展高对比度的生物荧光成像。

3.7 本章小结

本章以 $NaYF_4$: Yb^{3+}, Tm^{3+} 纳米晶为研究对象,通过调节其中 Tm^{3+} 的掺杂浓度,增强能级间的交叉弛豫过程,使 800 nm 荧光的辐射能级上粒子数相对增加,进而调制出近红外单色的 800 nm 上转换荧光,实现了高对比的荧光成像。

通过热解法合成了不同 Tm^{3+} 掺杂浓度的 $NaYF_4$: Yb^{3+}, Tm^{3+} 纳米晶,在 980 nm LD 激发下获得了上转换荧光光谱,并根据稳态速率方程讨论了 Tm^{3+} 掺杂浓度对 800 nm 上转换荧光单色性的影响。结果表明随着 Tm^{3+} 掺杂浓度的增加,800 nm 上转换荧光的单色性逐渐提高,证实当 Tm^{3+} 浓度增加到 4%时,800 nm 上转换荧光强度与 470 nm 荧光强度比 I_{800}/I_{470} 可达 757,实现了单色 800 nm 上转换荧光。同时研究了 Tm^{3+} 浓度对上转换荧光的量子产率的影响,发现 Tm^{3+} 掺杂浓度增加到 4%时,470 nm 荧光量子产率减小到 10^{-7} 量级,可以忽略,而 800 nm 荧光量子产率在 10^{-3} 量级,仍然可以进行实际应用。进一步利用 Tm^{3+} 的 800 nm 单色上转换荧光进行了荧光成像,证实利用单色的 800 nm 荧光进行成像具有较高的对比度,其对比度与混合荧光成像的对比度相比提高 1.45 倍,这说明 Tm^{3+} 掺杂浓度为 4% 的 $NaYF_4$: Yb^{3+}, Tm^{3+} 的荧光探针非常适合进行荧光成像。

第4章 新型光敏剂 NaYbF$_4$ 纳米晶光学性质研究

光动力疗法有三要素,分别为光敏剂、激发光和氧,光敏剂是光动力疗法的核心要素。第一代光敏剂最具代表性的是卟啉类衍生物,这类物质的吸收谱带在 400~600 nm 附近,主吸收峰在 400 nm 左右,然而,这个波长不在组织透过窗口(800~1 100 nm)范围内,所以穿透深度较小,无法实现组织内部实体瘤的治疗[131,132]。针对这一问题,人们想将光敏剂的激发光波长红移,因此开发了第二代光敏剂,其中最典型的是酞菁类衍生物,可通过表面配体的变化来调节酞菁衍生物的吸收波长,但是仍然不在组织透过窗口范围内[133]。后来人们提出了双光子过程,双光子过程可同时吸收两个近红外光子来布局高能激发态,但该过程需要使用高能脉冲激光,会导致严重的皮肤损伤[134,135]。直到 2007 年,人们提出了 UCNC – PS,其主要基于上转换纳米晶的上转换发光来激发传统光敏剂[33]。此过程涉及非线性的上转换过程和复杂的能量传递过程,活性氧产率很低。同时,这种光敏剂借助于上转换过程,需要较高的功率密度才能实现有效的激发过程,所以很容易引起组织的光损伤。此外,对于 UCNC – PS 来说,光敏剂的载药过程和药物的释放过程可控性差,会直接影响治疗效果。

针对这样的问题,本书提出了一种新型的近红外光激发的无机光敏剂 NaYbF$_4$ 纳米晶。通过化学探针法证明 NaYbF$_4$ 纳米晶可以产生活性氧;对 NaYbF$_4$ 纳米晶的光物理化学性质进行优化;进一步对光敏剂 NaYbF$_4$ 纳米晶的效果进行评价;通过 Yb^{3+} 的时间分辨光谱对氧浓度的响应来检验 Yb^{3+} 与 O$_2$ 之间的能量传递作用,得到 Yb^{3+} 与 O$_2$ 之间的能量传递效率。此外,将光敏剂 NaYbF$_4$ 纳米晶与 UCNC – PS 进行比较,观察对比二者的活性氧产生效率。

4.1 高效的近红外激发的无机光敏剂的设计

优良光敏剂应该具备以下条件[136]:(1)成分稳定;(2)容易合成,原材料易获得;(3)在不受光照的情况下,没有毒性;(4)具有靶向性,能定位肿瘤组织;(5)能级差应大于 0.97 eV,能与氧之间有效地发生能量传递,活性氧产率高;(6)能够从机体快速消除产生的副作用;(7)尽可能避免团聚,因为团聚后会降低活性氧产生效率;(8)避免光降解过程,无光漂白现象,保证较高的光稳定性。

光敏剂 $NaYbF_4$ 纳米晶具备优良光敏剂的所有条件,Yb^{3+} 作为光敏剂的核心成分,其激发态的能量为 1.27 eV,稍高于氧的激发态能量 0.97 eV,二者能级匹配较好,理论上二者之间能发生高效能量传递过程,Yb^{3+} 激发态上的粒子可以直接将能量传递给 O_2,产生活性氧,具体的机制及能量传递关系如图 4-1 和图 4-2 所示。

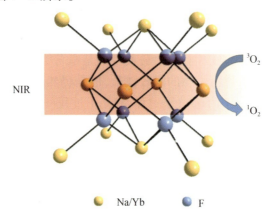

图 4-1 基于 $NaYbF_4$ 纳米晶的 PDT 机制示意图

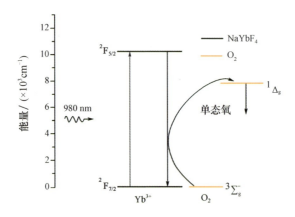

图 4-2 Yb^{3+} 与 O_2 之间的能量传递关系示意图

目前,$NaYbF_4$ 纳米晶是唯一一种近红外光直接激发的无机光敏剂。光敏剂 $NaYbF_4$ 纳米晶与传统光敏剂以及 UCNC-PS 相比,有很多优势,很可能成为下一代光敏药物,这几种光敏剂具体的优缺点见表 4-1。与传统光敏剂以及 UCNC-PS 相比,光敏剂 $NaYbF_4$ 具有以下优势:近红外光激发,组织穿透性深;无须载体,细胞透过性好;容易表面改性,键连抗体,提高了药物靶向性;无光漂白,药效持久,一次给药后可以进行长时间或重复治疗;线性激发过程,可以利用低功率密度激发,通过增加光照时间,实现累积的光动力治疗效果;能量传递过程简单,能量损耗小,效率高,有望实现高效的光动力治疗过程;$NaYbF_4$ 纳米晶构造简单,性能稳定,制备工艺成熟,成本低廉等。但是光敏剂 $NaYbF_4$ 的光化学物理性质还有待进一步优化提高。

表 4-1 $NaYbF_4$ 光敏剂与传统光敏剂及 UCNC-PS 的比较

光敏剂	优势	劣势
传统光敏剂	活性氧产率高	可见光激发,组织穿透深度差; 较易团聚,细胞透过性差; 表面改性很难,靶向性差; 易光漂白,药效不持久
上转换纳米晶结合光敏剂	近红外光激发; 可以对光敏剂进行载药	活性氧产率低; 可控性差; 易光漂白,药效不持久; 治疗面积小
光敏剂 $NaYbF_4$ 纳米晶	近红外激发; 无须载体,细胞透过性好; 键连抗体,靶向性好; 无光漂白,药效持久; 低功率密度激发; 能量传递简单,效率高; 易合成,性能稳定; 有望实施计量化光动力治疗	性质有待进一步优化提高

4.2 光敏剂 NaYbF₄ 的制备及表征

4.2.1 样品的制备

NaYbF$_4$ 纳米晶的合成过程描述如下：首先，将 1 mmol YbCl$_3$·H$_2$O 加入 50 mL 圆底烧瓶中，然后再向其中加入 6 mL 油酸和 15 mL 十八烯。向加热系统通入 N$_2$ 作为保护气，防止油酸被氧化。然后，将混合溶液加热到 160 ℃，恒温 1 h，使稀土盐充分溶解，呈透明状。降温至 50 ℃，加入 NaOH 和 NH$_4$F 的混合溶液，恒温搅拌 30 min，升温到 80 ℃ 蒸发甲醇，进一步升温到 100 ℃，蒸发水，待蒸发完全后，将温度升至反应温度 300 ℃，恒温 1 h。最后，将反应液冷却到室温，利用酒精和环己烷对纳米晶进行清洗，反复清洗三遍，利用酒精沉淀，离心，将沉淀物收集，放入环己烷中保存。

4.2.2 样品的表征

制备好的典型的 NaYbF$_4$ 纳米晶的 TEM 照片如图 4-3 所示，从图中可以看出，纳米晶的粒径尺寸较小，形貌规则，较均一。

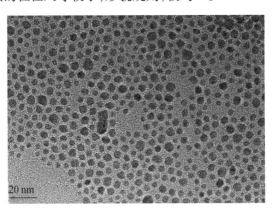

图 4-3 NaYbF$_4$ 纳米晶的 TEM 照片

利用粒径分析软件，对粒子尺寸做了统计分布图，如图 4-4 所示，发现粒子的尺寸主要分布在 5~10 nm，其平均粒径尺寸在 7 nm 左右。尺寸较小，易于被细胞吞吐，很适合进行生物医学应用。随后又对 NaYbF$_4$ 纳米晶进行了 HRTEM 表征，如图 4-5 所示，其晶格结构非常清晰，说明制备的纳米晶的结晶质量很高,内部缺陷和畸变较少,由于结晶质量引起的无辐射弛豫较少,可以使吸收的能量尽可能多地与氧之间发生能量传递,进而提高其活性氧产生效率。对 $NaYbF_4$ 纳米晶的晶面间距进行测量,如图 4-6 所示,进行多组测量,用取平均值的方法得到的其平均晶面间距为0.324 nm,与立方相 $NaYbF_4$(111)的晶面间距基本符合。

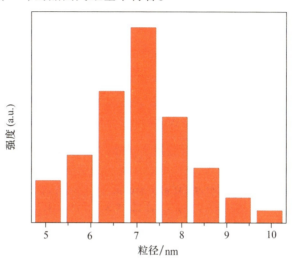

图 4-4 $NaYbF_4$ 纳米晶的粒径分布

图 4-5 $NaYbF_4$ 纳米晶的 HRTEM 照片

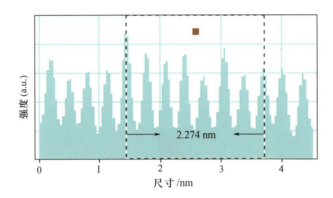

图 4-6　NaYbF$_4$ 纳米晶的晶面间距分布

本书又进一步在 HRTEM 下测量了样品的能谱,如图 4-7 所示,发现了 Na、Yb、F、C 及 Cu,其中的 Na、Yb、F 对应样品成分 NaYbF$_4$,而 C 对应于微栅的碳膜,Cu 对应于铜网。

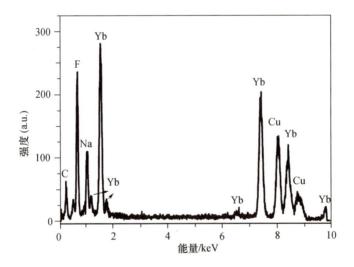

图 4-7　NaYbF$_4$ 纳米晶的能谱图

以上是对合成样品基本物理性质的表征,其基本物理性质可以说明已成功制备了样品。

4.3 NaYbF$_4$ 纳米晶的光物理化学性质

4.3.1 活性氧的检测方法研究

活性氧(Reactive Oxygen Species，ROS)，就是活性很强的氧分子，较活泼，具有较高的氧化还原性，很容易将其他物质氧化。活性氧主要包括以下几种：羟自由基(·OH)、超氧阴离子(O^{-2}·)、过氧羟自由基(·HO_2)、过氧自由基(ROO·)及烷氧基(RO·)，同时也包括了一些非自由基，如过氧化氢(H_2O_2)、单线态氧($^1O_2$)、次氯酸(HOCl)等。由于活性氧易与其他物质发生氧化还原反应，因此也通常利用此特点对其存在进行检测，这种方法就是通常所说的化学探针检测法。本节主要介绍基于化学探针对活性氧进行检测的方法和原理，并根据化学探针的吸收光谱变化来计算光化学反应中活性氧的产生速率。

本书采用化学探针法对 NaYbF$_4$ 溶液中的活性氧进行检测，采用的化学探针是 1,3-二苯基异苯并呋喃(1,3-Diphenylisobenzofuran)，简称 DPBF。DPBF 的化学结构式如图 4-8 所示，其分子式为 $C_{20}H_{14}O$。当有活性氧类物质存在时，DPBF 会被氧化，溶液中 DPBF 的浓度会降低，那么就可以通过观察 DPBF 在溶液中浓度的变化来检测活性氧的存在。这里采用吸收光谱法来检测 DPBF 的浓度，DPBF 在 410 nm 附近有较强的吸收，吸收光谱强度的变化可反映出 DPBF 浓度的变化。

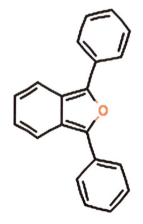

图 4-8　1,3-二苯基异苯并呋喃的化学结构式

根据化学探针 DPBF 检测活性氧理论[137]，在活性氧产生过程中，DPBF 浓度随时间的变化可以被描述如下：

$$\frac{d[DPBF]}{dt} = -\sum_{i=1}^{n} k_i [ROS_i][DPBF] = k[DPBF] \quad (4-1)$$

式中，[DPBF] 和 [ROS$_i$] 分别为 DPBF 和 ROS$_i$ 的浓度；k_i 为 ROS 与 DPBF 之间的能量传递速率；k 为 DPBF 的消耗速率或可描述为 DPBF 随时间衰减的衰减常数的倒数。

将式(4-1)两边积分，溶液中 DPBF 的浓度可以被描述为如下形式：

$$[DPBF] = [DPBF_0]e^{-kt} \quad (4-2)$$

通过观察 DPBF 浓度的变化，就可以说明是否产生了 ROS。

将式(4-2)两边取对数，可以得到 k，即可以获得活性氧产生速率，可以用来评价样品产生活性氧的快慢。

$$k = \ln([DPBF]/[DPBF_0])/t \quad (4-3)$$

式中，[DPBF] 利用溶液中 DPBF 的吸收系数 A 来评价，根据比尔-朗伯定律，透射光谱强度可以描述如下：

$$I_t = I_0 \exp(\sigma[DPBF]L) \quad (4-4)$$

其中，σ 为样品的吸收截面；L 为光源在样品中的路径。

$$A = \sigma[DPBF]L \propto [DPBF] \quad (4-5)$$

根据式(4-4)与式(4-5)，A 用来评价溶液中 DPBF 浓度的变化，可以描述为如下形式：

$$A = \ln(I_0/I_t) \quad (4-6)$$

4.3.2 光敏剂 NaYbF$_4$ 纳米晶产生活性氧的实验验证

当溶液中有活性氧产生时，DPBF 会与活性氧发生不可逆转的反应，导致 DPBF 浓度的下降，DPBF 的浓度与 DPBF 的吸收光谱强度成正比，因此可以通过 DPBF 吸收谱的变化来指示活性氧的产生。

具体的实验装置如图 4-9 所示。装置分为两部分：一部分为 NaYbF$_4$ 纳米晶的激发装置，通过 980 nm 激发光对样品进行激发；另一部分为吸收光谱的测量系统，利用氙灯作为吸收光谱的光源，通过透镜将光调节成平行光射出，照射在样品上，其中一部分光被样品吸收，另一部分光透过样品，然后利用光纤光谱仪(Ocean Optics, QE65000)对光进行探测，最后，通过计算机对光谱进行输出。

第 4 章　新型光敏剂 NaYbF₄ 纳米晶光学性质研究

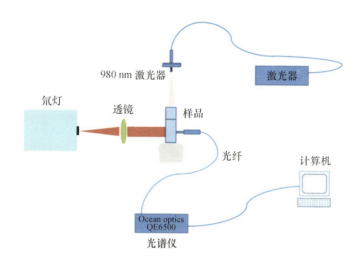

图 4-9　活性氧产生测量系统

将 NaYbF$_4$ 纳米晶 20 μmol/mL 与 DPBF 20 μmol/L 混合，然后利用 1.3 W 近红外 980 nm 激发光进行光照，总光照时间为 50 min，每隔 10 min 测量一次 DPBF 的吸收光谱。测量到的 DPBF 吸收光谱如图 4-10 所示，其吸收峰位于 410 nm 附近。同时发现 DPBF 的吸收随着光照的增加而逐渐减少，说明 DPBF 的浓度在逐渐降低，溶液中有活性氧产生。为了排除激光的作用以及测量过程中引入的误差，开展对照实验，在不加 NaYbF$_4$ 的溶液中，进行同样的光照，然后测量溶液中的 DPBF 的吸收谱，如图 4-11 所示，发现随着光照时间的增加，DPBF 的吸收基本保持不变，说明 DPBF 的浓度没有发生变化，没有活性氧的产生。以上实验可以说明加入 NaYbF$_4$ 的溶液中确实可以产生活性氧，通过对比实验证明了活性氧的产生是来源于 NaYbF$_4$ 纳米晶。

根据测得的加入 NaYbF$_4$ 溶液和没有加入 NaYbF$_4$ 的溶液中 DPBF 的吸收光谱，图 4-12 给出了归一化的 DPBF 的吸收强度随光照时间的变化。发现在加入 NaYbF$_4$ 的溶液中 DPBF 的吸收强度随光照时间呈指数衰减，其 DPBF 降解的时间常数为 38 min。这个时间常数反比于活性氧产生速率，活性氧产生速率又正比于活性氧量子产率，所以时间常数可以用来衡量活性氧量子产率：时间常数越大，说明活性氧产率越低；而时间常数越小，活性氧产率越高。而对照组，没加入 NaYbF$_4$ 的溶液中，DPBF 的吸收强度对 980 nm 光照没有任何的响应，时间常数趋于无穷，说明不加 NaYbF$_4$ 纳米晶的溶液中不产生活性氧。

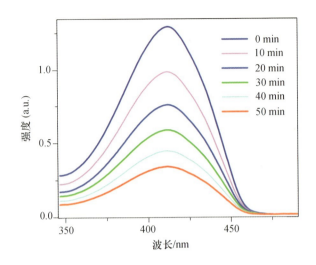

图4-10 不同光照时间下,NaYbF₄溶液中DPBF的吸收光谱

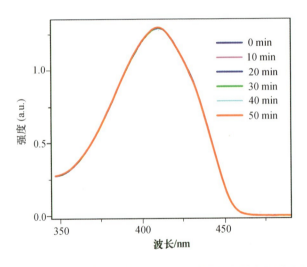

图4-11 不同光照时间下,未加NaYbF₄溶液中DPBF的吸收光谱

根据测得的加入 NaYbF₄ 溶液和没有加入 NaYbF₄ 的溶液中 DPBF 的吸收光谱,也可以计算溶液中活性氧的产生速率。通过上节中推导的活性氧产生速率的公式,以光照时间为变量,以 $\ln(N_0/N)$ 为函数(N_0 为初始时刻的 DPBF 的吸收系数,N 为某一时刻的 DPBF 的吸收系数),函数的斜率即为活性氧产生速率,活性氧产生速率正比于活性氧产生效率。在加入 NaYbF₄ 和

第4章 新型光敏剂 NaYbF$_4$ 纳米晶光学性质研究

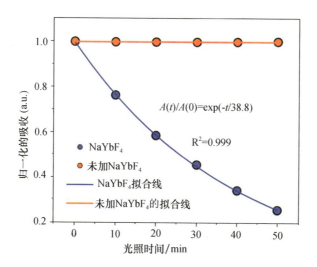

图 4-12　NaYbF$_4$ 溶液中和空白溶液中 DPBF 的吸收和光照时间的关系

没加 NaYbF$_4$ 的溶液中活性氧的产生速率如图 4-13 所示，在加入 NaYbF$_4$ 的溶液中，k 值为 0.027 1，而 NaYF$_4$ 溶液中，k 值为 0。

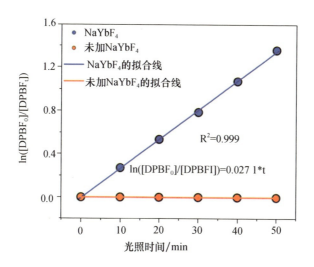

图 4-13　NaYbF$_4$ 溶液中和空白溶液中活性氧产生速率对比

4.4 新型无机光敏剂 NaYbF$_4$ 纳米晶的效果评价

4.4.1 Yb^{3+} 与 O$_2$ 之间的能量传递效率的研究

通过 Yb^{3+} 与 O$_2$ 之间的能量传递效率对 NaYbF$_4$ 的光敏活性进行判断。对于 Yb^{3+} 与 O$_2$ 之间的能量传递效率可以通过 NaYbF$_4$ 纳米晶中 Yb^{3+} 的时间分辨光谱对 O$_2$ 的响应来进行计算。要测量 Yb^{3+} 的时间分辨光谱,首先要测量 Yb^{3+} 的荧光光谱,检测 Yb^{3+} 的发射波长,在 980 nm 近红外光激发下,Yb^{3+} 的激发荧光光谱如图 4-14 所示。从图中可以看出,Yb^{3+} 的激发荧光光谱包括两部分,其中一个窄带峰位于 977 nm,主要来自于激发光的散射;另外一个宽带峰位于 1 000 nm 附近,主要来自于 Yb^{3+} 的发射。根据 Yb^{3+} 的激发荧光光谱,可以确定 Yb^{3+} 时间分辨光谱的监测波长,将监测波长定在 1 000 nm。

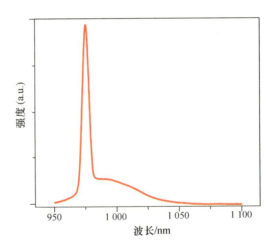

图 4-14 Yb^{3+} 的激发荧光光谱

图 4-15 给出了较高氧浓度下 462(6) μmol/L 和较低氧浓度下 146(6) μmol/L 的 Yb^{3+} 的时间分辨光谱,氧浓度的调节主要通过向样品溶液中通入 O$_2$ 和 Ar 来实现。当向溶液中通入 O$_2$ 时,液体中的溶氧量会发生增加;当向溶液中通入 Ar 时,溶液中的 O$_2$ 被 Ar 排出,导致氧浓度降低,进而实现了溶氧量的调节。对于溶液中氧浓度的测量,可通过测氧仪来检测。通

过对不同氧浓度下的 Yb^{3+} 的时间分辨光谱进行 e 指数拟合,可以得到 Yb^{3+} 激发态的寿命,寿命的倒数等于跃迁概率 A,从而得到低氧和高氧浓度下,Yb^{3+} 的跃迁概率分别约为 $1.3(1)\times10^4 s^{-1}$ 和 $1.8(2)\times10^4 s^{-1}$。

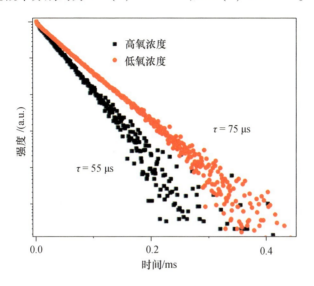

图 4-15　在不同氧浓度条件下,Yb^{3+} 的时间分辨光谱

根据能级辐射性质,跃迁概率 A 可以被表达成如下形式:

$$A = A_0 + W_0 + k[O_2] \quad (4-7)$$

式中,A_0 为自发跃迁概率,与材料的自身性质有关,常数;W_0 为无辐射跃迁概率,它与多声子辅助的无辐射弛豫过程相关,主要来自于晶格振动和晶体表面的高能振动基团引起的无辐射弛豫过程。

在研究过程中,$NaYbF_4$ 纳米晶的晶格结构和其表面性质均未发生变化,因此,W_0 可以视为常数;$k[O_2]$ 为 Yb^{3+} 与 O_2 之间的能量传递速率,其中的 k 代表 Yb^{3+} 激发态被 O_2 猝灭的概率,$[O_2]$ 代表溶液中溶解 O_2 的浓度。根据式(4-7),调节氧浓度可以影响 Yb^{3+} 与 O_2 的能量传递效率,进而影响 Yb^{3+} 激发态的跃迁概率,最后二者之间能量传递效率的变化可通过寿命的变换表现出来。反之,根据 Yb^{3+} 寿命的变化,也可得到 Yb^{3+} 与 O_2 的能量传递效率,Yb^{3+} 到 O_2 的量子传递效率可以表达为 $\eta = k[O_2]/A$,η 和氧浓度相关,在较高的氧浓度下,其量子产率 η 可达 39(5)%,即使在较低的氧浓度下,量子产率 η 仍可达 17(2)%,与传统的光敏剂相当[138]。

4.4.2 NaYbF$_4$ 与上转换纳米晶结合的光敏剂的效果比较

为了评价 NaYbF$_4$ 纳米晶的光动力治疗效果,将 NaYbF$_4$ 纳米晶与 UCNC – PS 进行比较。UCNC – PS 采用 NaYF$_4$:20% Yb^{3+},2% Er^{3+} 作为发光基团,光敏剂选择部花青(M540),其吸收波长恰好和 Er^{3+} 的发射波长交叠,具体的 M540 的吸收光谱和 Er^{3+} 的发射谱如图 4 – 16 所示,说明 Er^{3+} 能与 M540 之间发生能量传递。

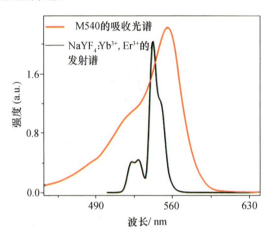

图 4 – 16 NaYF$_4$:20% Yb^{3+},2% Er^{3+} 的发射谱及 M540 的吸收光谱

在 NaYbF$_4$ 纳米晶中,Yb^{3+} 先吸收近红外 980 nm 激发光,然后直接与氧发生能量传递,产生活性氧。而对于 UCNC – PS,采用 NaYF$_4$:20% Yb^{3+},2% Er^{3+} 对光敏剂 M540 进行载药,NaYF$_4$:20% Yb^{3+},2% Er^{3+} 中的 Yb^{3+} 吸收 980 nm 激发光后,基于上转换能量传递过程,将能量传递给 Er^{3+},使 Er^{3+} 的高能激发态被布局,然后通过 Er^{3+} 的激发态能级与光敏剂的单重态之间发生能量传递,光敏剂通过隙间穿越,使单重态上的粒子向三重态迁移,三重态上的粒子与周围的氧之间发生能量传递,使得氧被激发,形成活性氧,具体的能量传递过程如图 4 – 17 所示。

进一步对二者的活性氧产生速率进行对比,仍然采用指示剂 DPBF 为活性氧探针,通过吸收光谱的变化计算活性氧的产生速率。首先将 DPBF (20 μmol/L) 加入上述的两种样品中(20 μmol/mL NaYbF$_4$ 纳米晶和 20 μmol/mL NaYF$_4$:20% Yb^{3+},2% Er^{3+}/M540),然后,利用近红外 980 nm 激发光对上述样品进行辐照,激光功率为 1.3 W,总光照时间为 50 min,每隔

第4章 新型光敏剂 NaYbF₄ 纳米晶光学性质研究

10 min测量一次样品溶液中 DPBF 的吸收光谱。吸收光谱分别如图 4-18 和图 4-19 所示,从图中可以发现,在 980 nm 激光照射下,随着光照时间的加长,DPBF 的吸收在上述两种溶液中均发生了减少,在 NaYbF₄ 溶液中减少得更快速,而在 NaYF₄:20% Yb^{3+},2% Er^{3+}/M540 溶液中减少很缓慢。为了更直观地比较二者的活性氧的产生速率,图 4-20 给出了 UCNC-PS 与 NaYbF₄ 纳米晶中 DPBF 的消耗速率,DPBF 的消耗速率正比于活性氧的产生速率,同时,活性氧的产生速率正比于活性氧的产生效率[139]。从图中可以看出,NaYbF₄ 纳米晶的活性氧产生效率是 UCNC-PS 的 7.6 倍。

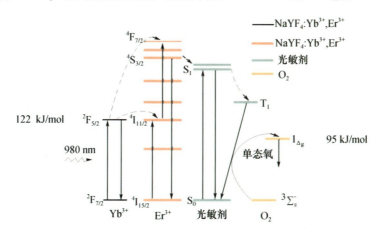

图 4-17 基于 UCNC-PS 的光动力疗法中的能量传递机制

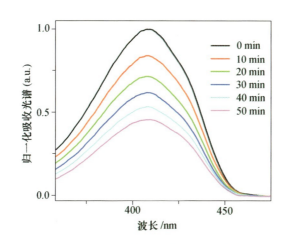

图 4-18 NaYbF₄ 溶液中 DPBF 在不同光照时间下的吸收光谱

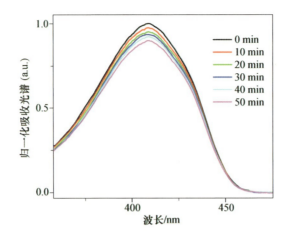

图4-19 NaYF$_4$:20%Yb^{3+},Er^{3+}/M540 溶液中 DPBF 在不同光照时间下的吸收光谱

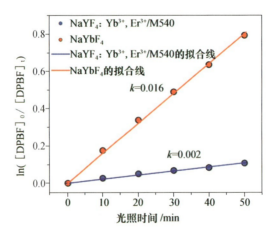

图4-20 在 NaYbF$_4$ 和 NaYF$_4$:20%Yb,2%Er/M540 溶液中，DPBF 的吸收光谱随光照时间的变化

4.5 本章小结

本章提出了一种近红外光激发的无机光敏剂 NaYbF$_4$ 纳米晶。其中核心成分是 Yb^{3+}，Yb^{3+}吸收 980 nm 近红外光,使其激发态能级被布局，然后处

于激发态能级上的粒子将能量传递给氧,氧被激发产生活性氧。

通过化学探针法证明了 $NaYbF_4$ 纳米晶可以与 O_2 发生作用,产生活性氧。进一步对 $NaYbF_4$ 纳米晶的光敏活性进行评价,基于 Yb^{3+} 的时间分辨光谱随氧浓度的响应以及能量辐射关系,研究了 Yb^{3+} 与 O_2 之间的能量传递效率,结果证实了 Yb^{3+} 与 O_2 之间的能量传递效率与传统的光敏剂相当;同时,对比了 $NaYbF_4$ 纳米晶和 UCNC - PS 的活性氧产生速率,结果表明 $NaYbF_4$ 纳米晶具有更高的活性氧产生速率。

第5章 基于 NaYbF$_4$ 纳米晶的光动力治疗

　　癌症作为对人类威胁最大的疾病之一,至今仍然是科学领域研究的难点问题。对于癌症的治疗,目前进入临床应用的方法有以下几种:手术切除、化学疗法、放射性疗法和光动力疗法。手术切除肿瘤组织,会伤害机体的血管系统,创伤性较大,同时,很可能引起癌细胞破裂,导致细胞液渗入,使癌症转移扩散,风险较大,术后恢复也较困难,尤其对于老年患者而言很难承受;化学疗法对正常细胞损伤严重,病人对化疗的反应也很明显,包括呕吐、恶心甚至加速死亡;放射性疗法的副作用也很明显,例如,疲劳、食欲不振、脱发、水肿等症状;而光动力疗法是治疗肿瘤的一种安全绿色的方法。光动力疗法的机制是通过光敏剂的光化学反应产生活性氧,通过与膜内的胆固醇及不饱和的磷脂质发生过氧化反应,使得细胞膜的透过性、流动性发生变化,同时膜的酶系统失活,导致细胞损坏或死亡[140]。光动力疗法具有独特的优势。首先,光动力疗法是治疗肿瘤的一种微创性手段,主要因为光照的选择性和药物在肿瘤组织内选择性聚集,可以实现肿瘤的靶向性治疗,对正常组织几乎无损伤。此外,光动力疗法还具有肿瘤适用性广、可重复治疗、毒副作用低、方便(门诊疗法)及可消除隐形病灶等特点。

　　本章基于新开发的 NaYbF$_4$ 光敏剂开展了近红外光激发的光动力治疗,这种光动力治疗具有激发光功率密度小、治疗面积大、治疗过程中皮肤损伤小、疗效好且稳定等优点。在实验过程中,以人源的肺癌细胞系 PC9 进行研究,摸索了光动力治疗的实验条件,在此基础上开展了基于 NaYbF$_4$ 光敏剂的体内外光动力治疗。

5.1　基于 NaYbF$_4$ 纳米晶的光动力疗法的设计

　　图 5-1 给出了活性氧产生过程以及基于 NaYbF$_4$ 纳米晶、UCNC - PS 和传统光敏剂在光动力疗法中的能量传递机制的示意图。传统光敏剂和 UCNC - PS 这两类光敏剂的光动力治疗分别受激发光穿透深度的限制和活性氧产率低的限制,给临床应用带去困难。而基于 NaYbF$_4$ 纳米晶的光动力疗法的作用机理是通过近红外光激发 NaYbF$_4$ 纳米晶中的 Yb^{3+},使 Yb^{3+} 的

第 5 章　基于 NaYbF$_4$ 纳米晶的光动力治疗

高能激发态被布局,然后将能量传给周围的氧,使氧被激发,形成具有强氧化性的活性氧,从而杀死肿瘤细胞的过程。这种光敏剂的激发光组织穿透深度大,并且能量传递过程简单,活性氧产率高,因此,利用 NaYbF$_4$ 纳米晶开展的光动力疗法可实现深组织实体瘤的高效率治疗。

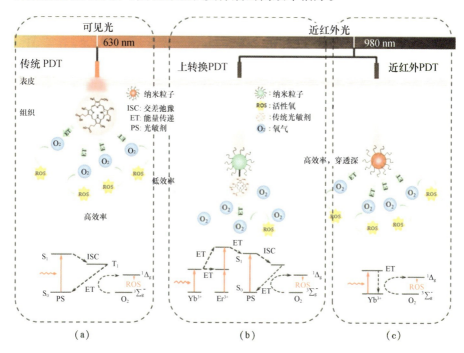

图 5-1　光动力疗法中的活性氧产生机制以及光动力过程中能量传递关系示意图
（a）传统光动力疗法；（b）上转换光动力疗法；（c）基于 NaYbF$_4$ 纳米晶的光动力疗法

5.2　光敏剂 NaYbF$_4$ 纳米晶的水溶性修饰

根据热解法对 NaYbF$_4$ 纳米晶进行制备,具体过程在上一章有详细的描述。在已制备的 NaYbF$_4$ 纳米晶表面有油酸配体,很容易进行水溶性修饰。目前水溶性修饰的方法有很多,较常见的有直接氧化法[141]、配体交换法[142]、Si 包覆法[143]和配体吸附法[144]等。在本章中采用的方法是配体吸附法。配体吸附法所采用的配体大多是两亲性的,其具体的原理是通过配体的疏水端和纳米晶表面的油酸配体,通过疏水性相互作用吸附在一起的,配体的亲水端裸露在水溶液中,使纳米晶很好地分散并溶解在水溶液中。

在本实验中,采用配体吸附法对纳米晶进行水溶性修饰,使用的配体为两亲性聚合物吐温80,化学式为$C_{24}H_{44}O_6$,其化学结构式如图5-2所示,其中有一个厌水性脂族酯长链和三个以羧基结尾的亲水链。由于有厌水性脂族酯长链的存在,吐温80很容易通过疏水性相互作用吸附在$NaYbF_4$纳米晶的表面,同时羧基结尾的亲水链分散在外侧,可使其$NaYbF_4$纳米晶分散在水中,实现水溶性修饰[145]。

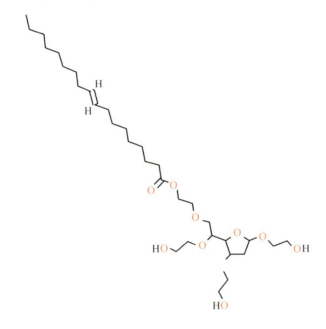

图5-2 吐温80的化学结构式

水溶后的$NaYbF_4$纳米晶的照片如图5-3(a)所示,$NaYbF_4$纳米晶质量浓度为2.5 mg/mL,从图中可以看出纳米晶非常均匀地分散在水中,溶液均一透明,但由于纳米晶中Yb^{3+}的荧光不在可见区,不容易通过荧光图像来观察纳米晶的分散性。为了从荧光图像检验水溶性,本书利用$NaYF_4:Yb^{3+}$,Er^{3+}纳米晶在相同条件下进行水溶性实验,图5-3(b)给出了纳米晶的溶解在水溶液中的照片,图5-3(c)和(d)给出了在980 nm激光激发下的暗场和明场照片,通过Er^{3+}的上转换荧光可以说明纳米晶很好地分散在水溶液中。

第 5 章　基于 $NaYbF_4$ 纳米晶的光动力治疗

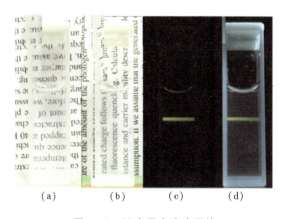

图 5-3　纳米晶水溶液照片

(a) $NaYbF_4$ 纳米晶的水溶照片;(b) $NaYF_4:Yb^{3+},Er^{3+}$
纳米晶水溶液照片;(c) 暗场下的上转换荧光照片;(d) 明场下的上转换荧光照片

5.3　$NaYbF_4$ 纳米晶体外光动力疗法的研究

5.3.1　近红外激发光对细胞存活率的影响

在开展体外光动力治疗之前,首先对治疗过程中的激发光的功率密度以及光照时间进行探究,确保能在合理的治疗条件下对细胞进行治疗。

在实验过程中,采用的是人源的肺癌细胞系 PC9,此细胞加入混有牛胎儿血清 10% 和抗生素 1% 的 1640 培养液中生长,生长的温度环境为 37 ℃,生长的气氛为 CO_2 气体。本书探究了 980 nm 激发光功率密度以及 980 nm 激发光的光照时间对细胞存活率的影响。对于细胞存活率的检测,采用 CCK-8 细胞计数试剂盒。CCK-8 细胞计数试剂盒基于化学物质 WST-8,化学名称为 2-(2-甲氧基-4-硝苯基)-3-(4-硝苯基)-5-(2,4-二磺基苯)-2H-四唑单钠盐,当将其加入存活的细胞溶液中,可以与线粒体内的脱氢酶发生氧化还原反应,WST-8 被还原,生成高度水溶性的橙黄色的产物甲𬭩,甲𬭩在 450 nm 处有吸收,通过检测不同细胞液中甲𬭩在 450 nm 处的吸收强度可以计算存活细胞的比例。

将培养的细胞加入 96 孔板中进行培养,细胞密度为 2.5×10^3/孔,利用加入 10% 的牛血清 1640 培养基培养 24 h,然后将细胞的培养基换成 100 μL 无血清的 1640 培养基。利用近红外 980 nm 激发光对 PC9 细胞进行光照,观察功率密度和光照时间对细胞存活率的影响。本实验观察了7组功率密度,同时对不同的功率密度变化光照时间,光照时间分别为10 min、30 min和60 min。光照后将细胞孵育24 h,在每个孔中加入10 μL的CCK-8,然后在37 ℃下避光孵育0.5 h,进行细胞存活率检测。结果如图5-4所示,在较低功率下,光照对细胞的存活率几乎没有影响,当功率密度高于575 mW/cm²,细胞的存活率发生明显降低。不同的光照时间在低功率范围内对细胞存活率也几乎没有影响,当激发光功率密度超过800 mW/cm²后,光照时间对细胞存活率的影响较为明显。根据以上实验数据分析,可知体外PDT中激发光的功率密度不能超过575 mW/cm²。

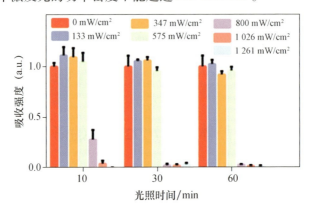

图5-4 功率密度和光照时间对细胞存活率的影响

5.3.2 NaYbF₄ 纳米晶的细胞毒性研究

本书又进一步对 NaYbF₄ 纳米晶的细胞毒性进行探究,首先在96孔板中铺PC9细胞,细胞密度为 2.5×10^3/孔,利用加入10%的牛血清的1640培养基培养24 h,然后加入 NaYbF₄ 纳米晶,纳米晶的质量浓度分别为0 μg/mL、10 μg/mL、20 μg/mL、40 μg/mL、80 μg/mL、100 μg/mL、200 μg/mL、400 μg/mL、800 μg/mL 和1 600 μg/mL,观察不同的药物质量浓度对细胞存活率的影响。加入 NaYbF₄ 纳米晶后,孵育24 h,然后将培养基换成无血清的1640培养基100 μL,在每个孔中加入10 μL的CCK-8,在37 ℃下避光孵育0.5 h,进行细胞存活率检测。具体的药物质量浓度与细胞存活率之间的关系如图5-5所示,从图中可以看出 NaYbF₄ 纳米晶的细胞毒性很小,在低于200 μg/mL时,细胞存活率可以达到90%左右。

第5章 基于 $NaYbF_4$ 纳米晶的光动力治疗

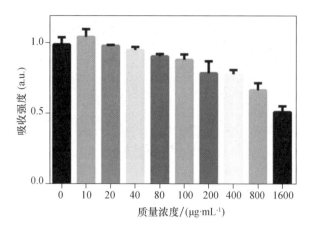

图 5-5　$NaYbF_4$ 纳米晶质量浓度对细胞存活率的影响

5.3.3　肿瘤细胞对 $NaYbF_4$ 纳米晶孵育时间的影响研究

对于 $NaYbF_4$ 纳米晶的细胞代谢研究,本书采用 $NaYF_4:Yb^{3+},Er^{3+}$ 纳米晶代替 $NaYbF_4$ 纳米晶,这主要因为 $NaYbF_4$ 纳米晶的荧光很难探测, $NaYF_4:Yb^{3+},Er^{3+}$ 纳米晶的荧光很容易探测,而 $NaYbF_4$ 纳米晶的尺寸及表面性质与 $NaYF_4:Yb^{3+},Er^{3+}$ 纳米晶基本一致,于是可以采用 $NaYF_4:Yb^{3+},Er^{3+}$ 纳米晶与 PC9 细胞一起孵育,观察 PC9 细胞的荧光显微镜照片,通过细胞内 $NaYF_4:Yb^{3+},Er^{3+}$ 纳米晶的荧光强度来判断细胞对药物的摄取量。首先将 PC9 细胞与 200 μg/mL $NaYF_4:Yb^{3+},Er^{3+}$ 纳米晶在 1640 培养基中一起培养,分别在孵箱中孵育 0.5 h、1 h、1.5 h、2 h、2.5 h、3 h,然后用磷酸盐缓冲液将 PC9 细胞清洗三次,将细胞涂到载玻片上,对其进行荧光成像。采用共聚焦成像显微镜(Confocal Laser Scanning Microscopy,CLSM)对 PC9 细胞进行成像。在近红外 980 nm 激发光激发下,细胞中的纳米晶会产生 540 nm 和 654 nm 荧光,被探测器探测,然后经过成像显示系统对探测到的荧光进行成像。具体的荧光显微镜图像如图 5-6 所示,图中给出了不同孵育时间下 540 nm 及 654 nm 的荧光图像,以及两色荧光合并后的明场及暗场荧光图像。可以看出随着孵育时间的增长,540 nm 和 654 nm 的荧光强度都在增加,当孵育时间达 2.5 ~ 3 h,荧光强度达到最大,说明此时细胞对 $NaYF_4:Yb^{3+},Er^{3+}$ 纳米晶的摄取量达到饱和。

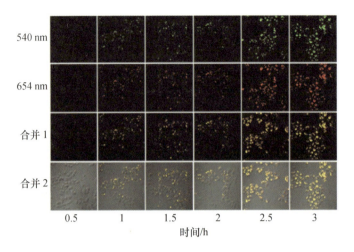

图 5-6 药物的孵育时间和摄取量之间的关系

同时,也探究了不同药物质量浓度对 PC9 细胞摄取量的影响。具体的方法如下:首先将 PC9 细胞与不同质量浓度的 $NaYF_4:Yb^{3+},Er^{3+}$ 纳米晶在 1640 培养基中一起培养,纳米晶的质量浓度分别为 0 μg/mL、10 μg/mL、40 μg/mL、100 μg/mL、200 μg/mL、400 μg/mL 和 1 600 μg/mL,孵育时间为 3 h,然后用磷酸盐缓冲液将 PC9 细胞清洗三次,将细胞涂到载玻片上,对细胞进行荧光成像。所采用的成像系统为 CLSM。具体的荧光显微成像如图 5-7 所示,图中给出了在孵育时间为 3 h 的情况下,不同孵育药物质量浓度时 PC9 细胞在 540 nm 和 654 nm 的荧光图像,以及两色荧光合并后的明场及暗场荧光图像。在较低的药物质量浓度下,PC9 细胞对药物的摄取量随着周围药物质量浓度的增大而增多。然而,当药物质量浓度增加到 200 μg/mL 以后,发现探测到的荧光强度基本不变,说明药物质量浓度对于细胞的摄取已经达到饱和状态,继续增大药物质量浓度也不能提高摄取量,所以最适合的药物摄取质量浓度为 200 μg/mL。

下面又进一步探究了 PDT 过程中细胞的凋亡过程。通过流式细胞术对细胞的凋亡过程进行分析。采用 Annexin V/PI 对细胞进行双染,其原理是:Annexin V 为一种磷脂结合蛋白,细胞膜脂质层内侧分布磷脂酰丝氨酸,当细胞处于凋亡早期时,磷脂酰丝氨酸在细胞膜内外翻,如果此时加入 Annexin V,它会与磷脂酰丝氨酸发生特异性结合,使凋亡早期的细胞显色。采用碘化丙啶(Propidium Iodide,PI)识别凋亡晚期的细胞,PI 是一种核酸染料,对于正常细胞和凋亡早期的细胞,细胞膜都存在的情况下,PI 是无法透过细胞膜的,当细胞处在凋亡晚期,细胞膜不完整,PI 可以对细胞核进行染色,两种探针就可以将不同凋亡时期的细胞区分开。

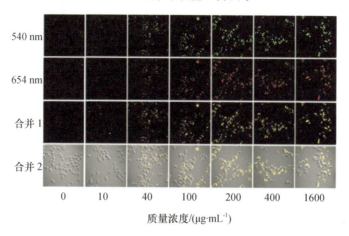

图 5-7 药物质量浓度和摄取量之间的关系

具体的实验过程如下:首先将 PC9 细胞铺在 12 孔板中,细胞密度为 2×10^5 个/mL,在体积分数 5% 的 CO_2 气氛、37 ℃ 的保温箱中培养 24 h,然后加入药物,保证 $NaYbF_4$ 纳米晶的质量浓度为 0 μg/mL、40 μg/mL 和 100 μg/mL。然后孵育 2.5 h,利用功率密度为 575 mW/cm^2 的 980 nm 激发光照射 30 min,然后细胞被收集,用 PBS 缓冲液清洗三次,将细胞分散在结合液中,将 3 μL Annexin V 和 1 μL PI 加入 100 μL 细胞悬浮液中。将混合物在室温中培养 15 min,然后将样品立刻进行体外 PDT 的流式细胞术分析。具体测试结果如图 5-8 所示,图中分别给出了空白对照组、光照组、不同质量浓度的加药组以及不同质量浓度的光动力治疗组在不同时期的细胞存活率。从图中可以看出空白对照组、光照组和加药组细胞主要集中在 LL 象限,LL 象限的细胞对应于活细胞。对于光照加药组,细胞主要集中在 HL 和 HR 象限,这两个象限分别对应于坏死和晚期凋亡的细胞。即:在 PDT 过程中,细胞凋亡和坏死都存在。从图中还可以看出,随着药物质量浓度的增加,凋亡和坏死的细胞的数目在逐渐增多,此结果和体外光动力实验的 CCK-8 测试规律相同。

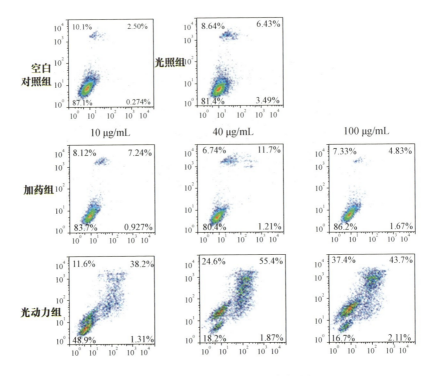

图 5-8 体外 PDT 的流式细胞术分析

5.4 NaYbF$_4$ 纳米晶体内光动力疗法的研究

5.4.1 实验设计

在体内实验中,本书选择裸鼠作为研究对象。裸鼠是通过基因突变产生的一类鼠,裸鼠无毛,无胸腺,T 淋巴细胞功能完全缺乏,对异种移植不产生排斥反应,因此,特别适用于异种动物组织的移植和人类肿瘤移植。对于裸鼠的饲养需要在隔离室中饲养,环境温度为 26~28 ℃。

本实验中,选择皮下移植瘤模型,移植瘤模型有很多的优势,例如:可以使一群动物同时带有相同的肿瘤,肿瘤生长速率比较一致,个体差异较小,接种的成活率高;对宿主的影响也类似,易于客观地判断疗效;肿瘤形态、生长率、对药物的敏感性和动物的死亡时间等非常相近,便于实验结果的获取。选择的细胞系仍然是体外实验的细胞系 PC9,选择 6~8 周的成年小鼠作为移植对象。

下面对移植瘤模型的建立过程进行描述。

(1)细胞培养:贴壁生长的细胞利用消化液使细胞脱壁,分散,接着用无血清的培养液离心洗涤两次,计活细胞数目,调整细胞密度,将细胞悬浮于 PBS 中备用。

(2)一般选择 18~22 g 的小鼠进行移植瘤模型的建立。

(3)对小鼠打肿瘤部位进行清洁消毒。

(4)用注射器取肿瘤细胞悬液接种于裸鼠的背部皮下,每个接种部位注射 0.2 mL,含有 $10^6 \sim 10^7$ 个活细胞。

(5)移植后经不同的潜伏期,一般在 10 天~3 个月,可见肿瘤的生长。

5.4.2 光动力治疗中肿瘤治疗效果的研究

裸鼠肿瘤模型建立后,待肿瘤直径约为 5 mm,开始对肿瘤进行治疗。肿瘤治疗过程中,采用 980 nm 激光器作为辐照光源,功率密度为 366 mW/cm²,光照时间为 2 h,采用药物注射方式为瘤内注射,药物注射 0.5 h 后,对肿瘤进行光动力治疗。图 5-9 为肿瘤治疗过程中拍摄的图片,在治疗过程中,利用腹腔麻醉,使小鼠保持不动,然后利用红外卡检测近红外激光光斑位置,使光斑恰好覆盖整个肿瘤。

图 5-9 近红外光激发的光动力疗法的治疗系统

为了便于对照,做四组实验,分别为加药组,光照组,加药光照组及空白对照组。治疗后,进行观察,每隔 1 天测量一次肿瘤体积,观察 10 天,图 5-10 给出了不同组裸鼠的治疗前后的活体照片,从图中可以看出,加药光照组肿瘤 0 天很明显,到第 10 天肿瘤几乎不可见了。而空白对照组、光照组及加药组肿瘤体积未发生明显变化,通过几组实验的对比,可以看出明显的光动力治疗效果。

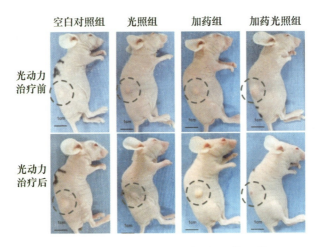

图5-10 体内光动力治疗前后的活体图片

为了更清晰地观察光动力治疗效果,将肿瘤按0天的体积归一化,图5-11给出了不同治疗组的肿瘤体积与治疗时间的关系,发现三个对照组肿瘤体积均稍有增加,只有光动力治疗组肿瘤体积出现明显减小的趋势,第10天左右肿瘤几乎不可见。

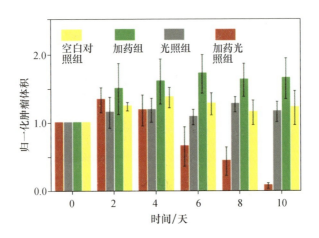

图5-11 不同治疗组中PC9肿瘤体积与治疗时间的关系

5.5 本章小结

本章研究了基于 $NaYbF_4$ 纳米晶的 PDT。在近红外 980 nm 光照下，$NaYbF_4$ 纳米晶可以与氧作用，产生活性氧，进而杀死肿瘤细胞。

通过对药物毒性，光照强度范围，药物孵育时间及孵育质量浓度等条件的研究，得到了治疗条件的范围：功率密度要小于 575 mW/cm^2、药物质量浓度不大于 200 μg/mL、药物孵育时间为 2.5～3 h、最佳药物孵育质量浓度为 200 μg/mL。在合适条件下进一步开展了体内外的 PDT 实验，结果表明在近红外 980 nm 光照下，$NaYbF_4$ 纳米晶使 PC9 细胞存活率发生明显下降，同时体内实验证明了基于 $NaYbF_4$ 纳米晶的 PDT 能使 PC9 肿瘤体积发生明显缩小。体内外 PDT 结果均说明 $NaYbF_4$ 纳米晶是非常有效的近红外无机光敏剂。

结　　论

本书对基于近红外光激发的光动力疗法中的相关科学问题进行了研究，得到了以下研究结论。

(1) 通过特殊核壳纳米结构的设计，探究了环境对稀土发光中心荧光性质的影响规律，得到了稀土发光中心荧光强度与包覆屏蔽壳层厚度之间呈 e 指数关系，外界环境会使上转换发光中心荧光强度猝灭 356 倍左右，发光中心外层包覆约 4 nm 的壳层厚度就能有效屏蔽外界环境对稀土发光中心干扰的结论。同时探究了环境影响稀土发光中心荧光性质的原因，主要是由于环境的作用增加了辐射能级的无辐射弛豫系数，从而影响了能级的辐射性质，使荧光强度发生了变化。

(2) 开发了近红外单色的荧光探针，实现了高对比度荧光成像。通过变化 $NaYF_4:Yb^{3+},Tm^{3+}$ 中 Tm^{3+} 的掺杂浓度来增加能级间的交叉弛豫，实现了 Tm^{3+} 800 nm 上转换荧光单色性的调节。随着 Tm^{3+} 掺杂浓度的增大，800 nm 上转换荧光的单色性呈 e 指数增长的趋势。当 Tm^{3+} 掺杂浓度达到 4% 时，实现了单色的 800 nm 上转换荧光。利用单色的 800 nm 上转换荧光进行荧光成像，其对比度与混合荧光成像相比提高 1.45 倍。

(3) 提出了一种近红外激发的新型光敏剂——$NaYbF_4$ 纳米晶。通过化学探针法证实 $NaYbF_4$ 纳米晶能产生活性氧，同时通过时间分辨光谱随氧浓度的响应得到了 Yb^{3+} 与 O_2 之间的能量传递效率，其能量传递效率与传统光敏剂相当。进一步将 $NaYbF_4$ 与上转换荧光诱导的光敏剂进行了比较，实验表明 $NaYbF_4$ 的光敏活性比上转换荧光诱导的光敏剂的光敏活性高。

(4) 基于新型光敏剂 $NaYbF_4$ 纳米晶的光动力疗法的研究。体外 PDT 结果证实光敏剂 $NaYbF_4$ 纳米晶对 PC9 细胞有明显的杀伤效果，细胞存活率和治疗剂量呈 e 指数关系，即使药物质量浓度在 10 μg/mL 时，光照 0.5 h，也可使细胞存活率下降到 40% 左右。进一步利用流式细胞术对细胞的死亡过程进行探究，发现在细胞死亡过程中坏死和凋亡都存在。体内 PDT 研究表明 $NaYbF_4$ 纳米晶作为 PDT 过程中的光敏药物能使肿瘤明显缩小，甚至消失。以上结果说明，$NaYbF_4$ 纳米晶作为光敏剂，为实施组织实体瘤的治疗提供了可能。

关于近红外光动力治疗的研究可做如下展望：

(1)提高 UCNC-PS 在 PDT 过程中的可控性，UCNC-PS 的载药剂量和载药稳定性等问题有待进一步探究。

(2)若要实现活体荧光成像诊断，则 $NaYF_4:20\%Yb,4\%Tm$ 单色的上转换荧光探针的靶向性问题还有待解决。

(3)光敏剂 $NaYbF_4$ 纳米晶的光物理化学性质需进一步优化，提高活性氧产率。

(4)通过在 $NaYbF_4$ 纳米晶表面的偶联配体，对活体治疗中 $NaYbF_4$ 纳米晶的靶向性问题进行研究。

(5)对活性氧产率的检测方法进行研究，以实现活体治疗中活性氧产率的测量。

参 考 文 献

[1] LIANG Z, SUN E W, LIU Z Y, et al. Electric field induced upconversion fluorescence enhancement and its mechanism in Er^{3+} doped 0.75Pb(Mg1/3Nb2/3)O-3-0.25PbTiO(3) transparent ceramic[J]. Applied Physics Letters, 2016, 109(13): 132904.

[2] LEVY E S, TAJON C A, BISCHOF T S, et al. Energy – looping nanoparticles: harnessing excited – state absorption for deep-tissue imaging[J]. ACS Nano, 2016, 10(9): 8423.

[3] BLOEMVERGEN N. Solid state infrared quantum counter[J]. Physical Review Letters, 1959, 2(3): 84.

[4] AUZEL F. Quantum counter obtained by using energy transfer between two rare rarth ions in a mixed tungstate and in a glass[C]. Comptes rendus de l'Académie des sciences (Paris), 1966.

[5] CHIVIAN J S, CASE W E, EDEN D D, et al. The photon avalanche: a new phenomenon in Pr^{3+}-based infrared quantum counter[J]. Applied Physics Letter, 1979, 35(2): 124.

[6] TONG F, RISK W P, MACFARLANE R M, et al. 551 nm diode – laser – pumped upconversion laser[J]. Electronics Letter, 1989, 25(20): 1389.

[7] HEINE F, HEUMANN E, DANGER T, et al. Green upconversion continuous wave Er^{3+}:$LiYF_4$ laser at room temperature[J]. Applied Physics. Letter, 1995, 65(4): 383.

[8] HAM B S, SHAHRIAR M S, KIM M K, et al. Frequency selective time domain optical data storage by electromagnetically induced transparency in a rare earth doped solid[J]. Optics Letter, 1997, 22(24): 1849.

[9] DOWNING E, HESSELINK L, RALSTON J, et al. A three-color, solid – state, three-dimensional display[J]. Science, 1996, 273(5279): 1185.

[10] HEER S, LEHMANN O, HAASE M. Blue, green, and red upconversion emission from lanthanide – doped $LuPO_4$ and $YbPO_4$ nanocrystals in a transparent colloidal solution[J]. Angewandte Chemie International Edition, 2003, 42(27): 3179.

[11] WANG F, HAN Y, LIM C S, et al. Simultaneous phase and size control of upconversion nanocrystals through lanthanide doping[J]. Nature, 2010, 463(7284): 11061.

[12] IDRIS N M, GNANASAMMANDHAN M K, ZHANG J, et al. In vivo photodynamic therapy using upconversion nanoparticles as remote – controlled nanotransducers[J]. Nature medicine, 2012, 18(10): 1580.

[13] LIU L X, QIN F, ZHAO H, et al. Facile synthesis and upconversion luminescence of beta – $NaYF_4$: Yb, Tm nanocrystals with highly tunable and uniform beta – $NaYF_4$ shells[J]. Journal of Alloys and Compounds, 2016 (684): 211.

[14] CHEN Q S, HU W W, SUN C C, et al. Synthesis of improved upconversion nanoparticles as ultrasensitive fluorescence probe for mycotoxins[J]. Analytica Chimica Acta, 2016, 938(28): 137.

[15] RAO L, BU L L, CAI B, et al. Cancer cell membrane – coated upconversion nanoprobes for highly specific tumor imaging[J]. Advanced Materials, 2016, 28(18): 3460.

[16] NAM S H, BAE Y M, PARK Y L, et al. Long – term real – time tracking of lanthanide ion doped upconverting nanoparticles in living cells[J]. Angwandte Chemie – International Edition, 2011, 50(27): 6093.

[17] LIU B, LI C X, XIE Z X, et al. 808 nm photocontrolled UCL imaging guided chemo/photothermal synergistic therapy with single UCNPs – CuS@ PAA nanocomposite[J]. Dalton Transactions, 2016, 45(33): 13061.

[18] ZHOU J C, YANG Z L, DONG W, et al. Bioimaging and toxicity assessments of near – infrared upconversion luminescent $NaYF_4$: Yb, Tm nanocrystals[J]. Biomaterials, 2011, 32(34): 9059.

[19] PICHAANDI J, BOYER J C, DELANEY K R, et al. Two – photon upconversion laser (scanning and wide – field) microscopy using Ln^{3+} – doped $NaYF_4$ upconverting nanocrystals: a critical evaluation of their performance and potential in bioimaging[J]. Journal of Physical Chemistry C, 2011, 115(39): 19054.

[20] HILDERBRAND S A, SHAO F W, SALTHOUSE C, et al. Upconverting luminescent nanomaterials: application to in vivo bioimaging[J]. Chemical Communications, 2009, 28(28): 4188.

[21] WANG Z L, HAO J H, CHAN H L, et al. Simultaneous synthesis and

functionalization of water – soluble up – conversion nanoparticles for in – vitro cell and nude mouse imaging[J]. Nanoscale, 2011, 3(5): 2175.

[22] CAO T Y, YANG Y, SUN Y, et al. Biodistribution of sub – 10 nm PEG – modified radioactive/upconversion nanoparticles[J]. Biomaterials, 2013, 34(29): 7127.

[23] LIU Y, KANG N, LV J, et al. Deep photoacoustic/luminescence/magnetic resonance multimodal imaging in living subjects using high – efficiency upconversion nanocomposites[J]. Advanced Materials, 2016, 28(30): 6411.

[24] LIU P, MIU W. Hydrothermal synthesis of BaYbF5: Tm^{3+} nanoparticles for dual – modal upconversion near – infrared luminescence and magnetic resonance imaging[J]. Functional Materials Letters, 2016, 9(3): 1650038.

[25] PARK H S, NAM S H, KIM J, et al. Clear – cut observation of clearance of sustainable upconverting nanoparticles from lymphatic system of small living mice[J]. Scientific Reports, 2016, 6(6): 27407.

[26] WEI Z W, SUN L N, LIU J L, et al. Cysteine modified rare – earth up – converting nanoparticles for in vitro and in vivo bioimaging[J]. Biomaterials, 2014, 35(1): 387.

[27] PARK Y I, KIM J H, LEE K T, et al. Nonblinking and nonbleaching upconverting nanoparticles as an optical imaging nanoprobe and T_1 magnetic resonance imaging contrast agent[J]. Advanced Materials, 2009, 21(44): 4467 – 4471.

[28] CHEN D Q, YU Y L, HUANG F, et al. Lanthanide dopant – induced formation of uniform sub – 10 nm active – core/active – shell nanocrystals with near – infrared to Nnear – infrared dual – modal luminescence[J]. Journal of Materials Chemistry, 2012, 22(6): 2632 – 2640.

[29] CHEN F, BU W, ZHANG S, et al. Gd^{3+} – ion – doped upconversion nanoprobes: relaxivity mechanism probing and sensitivity optimization[J]. Advanced Functional Materials, 2013, 23(3): 298.

[30] ZENG S J, XIAO J J, YANG Q B, et al. Bi – functional NaLuF4: Gd^{3+}/Yb^{3+}/Tm^{3+} nanocrystals: structure controlled synthesis, near – infrared upconversion emission and tunable magnetic properties[J]. Journal of Materials Chemistry, 2012, 22(19): 9870.

[31] XIA A, CHEN M, GAO Y, et al. Gd^{3+} Complex – modified $NaLuF_4$ – based upconversion nanophosphors for trimodality imaging of NIR – to – NIR

upconversion luminescence, X - ray computed tomography and magnetic resonance[J]. Biomaterials, 2012, 33(21): 5394.

[32] XIA A, GAO Y, ZHOU J, et al. Core - shell $NaYF_4:Yb^{3+},Tm^{3+}@Fe_xO_y$ nanocrystals for dual - modality T_2 - enhanced magnetic resonance and NIR - to - NIR upconversion luminescent imaging of small - animal lymphatic node[J]. Biomaterials, 2011, 32(29): 7200.

[33] ZHANG P, STEELANT W, KUMAR M, et al. Versatile photosensitizers for photodynamic therapy at infrared excitation[J]. Journal of the American Chemical Society, 2007, 129(15): 4526.

[34] WU Y L, XU X Z, CHEN X, et al. Mesoporous silica coated $Gd_2(CO_3)_3$: Eu hollow nanospheres for simultaneous cell imaging and drug delivery[J], RSC Advances, 2016, 6(67): 62320.

[35] LIU J N, BU W B, and SHI J L. Silica coated upconversion nanoparticles: a versatile platform for the development of efficient theranostics[J]. Accounts of Chemical Research, 2015, 48(7): 1797.

[36] LIU B, LI C X, YANG D M, et al. Upconversion - luminescent core/mesoporous silica shell structured beta - $NaYF_4:Yb^{3+},Er^{3+}@SiO_2@mSiO_{(2)}$ composite nanospheres: fabrication and drug - storage/release properties[J]. Eurpean Journal of Inorganic Chemistry, 2014, 2014(11): 1906.

[37] YANG X J, XIAO Q Q, NIU C X, et al. Multifunctional core - shell Upconversion nanoparticles for targeted tumor cells induced by near - infrared light[J]. Journal of Materials Chemistry B, 2011, 1(21): 2757.

[38] ZENG L Y, PAN Y W, ZOU R F, et al. 808 nm - excited upconversion nanoprobes with low heating effect for targeted magnetic resonance imaging and high - efficacy photodynamic therapy in HER2 - overexpressed breast cancer[J]. Biomaterials, 2016(103): 116.

[39] XIA L, KONG X, LIU X, et al. An upconversion nanoparticle - zinc phthalocyanine based nanophotosensitizer for photodynamic therapy [J]. Biomaterials, 2014, 35(13): 4146.

[40] HUANG Y A, XIAO Q B, HU H S, et al. 915 nm light - triggered photodynamic therapy and MR/CT dual - modal imaging of tumor based on the nonstoichiometric $Na_{0.52}YbF_{3.52}$:Er upconversion nanoprobes[J]. Small, 2016, 12(31): 4200.

[41] LV R C, YANG P P, HE F, et al. An imaging - guided platform for syner-

gistic photodynamic/photothermal chemo therapy with pH/temperature responsive drug release[J]. Biomaterials, 2015(63): 115.

[42] DIEKE G H, CROSSWHITE H M, CROSSWHITE H. Spectra and energy levels of rare earth ions in crystals[M]. Interscience Publishers, 1968.

[43] AUZEL F. Upconversion and anti-stokes processes with f and d ions in solids[J]. Chemical Reviews, 2004, 104(1): 139-173.

[44] CHIVIAN J S, CASE W E, EDEN D D. The photon avalanche: a new phenomenon in Pr^{3+}-based infrared quantum counters[J]. Applied Physics Letter, 1979, 35(2): 124.

[45] WANG F, DENG R R, WANG J, et al. Tuning upconversion through energy migration in core-shell nanoparticles[J]. Nature Materials, 2011, 10(12): 968.

[46] WANG F, LIU X G. Recent advances in the chemistry of lanthanide-doped upconversion nanocrystals[J]. Chemical Society Reviews, 2009, 38(4): 976.

[47] DONG H, SUN L D, YAN C H. Basic understanding of the lanthanide related upconversion emissions[J]. Nanoscale, 2013, 5(13): 5703.

[48] ZHANG Y W, SUN X, Si R, et al. Single-crystalline and monodisperse LaF_3 triangular nanoplates from a single-source precursor[J]. Journal of the American Chemical Society, 2005, 127(10): 3260.

[49] BOYER J C, VETRONE F, CUCCIA L A, et al. Synthesis of colloidal upconverting $NaYF_4$ nanocrystals doped with Er^{3+}, Yb^{3+} and Tm^{3+}, Yb^{3+} via thermal decomposition of lanthanide trifluoroacetate precursors[J]. Journal of the American Chemical Society, 2006, 128(23): 7444.

[50] MAI H X, ZHANG Y W, SI R, et al. High-quality sodium rare-earth fluoride nanocrystals: controlled synthesis and optical properties[J]. Journal of the American Chemical Society, 2006, 128(19): 6426.

[51] DU Y P, ZHANG Y W, SUN L D, et al. Luminescent monodisperse nanocrystals of lanthanide oxyfluorides synthesized from trifluoroacetate precursors in high-boiling solvents[J]. Journal of Physical Chemistry C, 2008, 112(2): 405.

[52] YANG D M, LI C X, LI G G, et al. Colloidal synthesis and remarkable enhancement of the upconversion luminescence of $BaGdF_5$:Yb^{3+}/Er^{3+} nanoparticles by active-shell modification[J]. Journal Materials Chemistry,

2011, 21(16): 5923.

[53] DU Y P, ZHANG Y W, SUN L D, et al. Optically active uniform potassium and lithium rare earth fluoride nanocrystals derived from metal trifluoroacetate precursors[J]. Dalton Transactions, 2009, 28(40): 8574.

[54] LIU C H, WANG H, ZHANG X R, et al. Morphology – and phase – controlled synthesis of monodisperse lanthanide – doped NaGdF$_4$ nanocrystals with mMulticolor photoluminescence [J]. Journal Materials Chemistry, 2009, 49(4): 489.

[55] WANG L Y, LI Y D. Controlled synthesis and luminescence of lanthanide doped NaYF$_4$ nanocrystals[J]. Journal of Materials Chemistry, 2007, 19(4): 727.

[56] SMITH A M, MANCINI M C, NIE S, et al. Bigimaging second window for in vivo imaging[J]. Nature Nanotechnolgy, 2009, 4(11): 710.

[57] WU S W, HAN G, MILLIRON D J, et al. Non – blinking and photostable upconverted luminescence from single lanthanide – doped nanocrystals[J]. Proceeding of the National Academy of Sciences of United States of America, 2009, 106(27): 10917.

[58] LIU Q, SUN Y, YANG T S, et al. Sub – 10 nm hexagonal lanthanide – doped NaLuF$_4$ upconversion nanocrystals for sensitive bioimaging in vivo[J]. Journal of the American Chemical Society, 2011, 133(43): 17122.

[59] CHENG L, YANG K, ZHANG S, et al. Highly – sensitive multiplexed in vivo imaging using PEGylated upconversion nanoparticles[J]. Nano Research, 2010, 3(10): 722.

[60] CHEN G Y, OHULCAHANSKYY T Y, KUMAR R, et al. Ultrasmall monodisperse NaYF$_4$:Yb^{3+}/Tm^{3+} nanocrystals with enhanced near – infrared to near – infrared upconversion photoluminescence[J]. ACS Nano, 2010, 4(6): 3163.

[61] YIN W, ZHAO L, ZHOU L, et al. Enhanced red emission from GdF$_3$:Yb^{3+}, Er^{3+} upconversion nanocrystals by Li$^+$ doping and their application for bioimaging[J]. Chemistry – a European Journal, 2012, 18(30): 9239.

[62] JADHAV A P, OH J H, PARK SW, et al. Enhanced down and upconversion emission for Li$^+$ co – doped Gd$_2$O$_3$:Er^{3+} nanostructures[J]. Current Applied Physics, 2016, 16(10): 1374.

[63] LIU J, BU W, PAN L, et al. NIR - triggered anticancer drug delivery by upconverting nanoparticles with integrated azobenzene - modified mesoporous silica[J]. Angewandte Chemie - International Edition, 2013, 52(16): 4375.

[64] WANG F, LIU X G. Upconversion multicolor fine - tuning: visible to near - infrared emission from lanthanide - doped $NaYF_4$ nanoparticles[J]. Journal of the American Chemical Society, 2008, 130(17): 5642.

[65] NIU W B, WU S L, ZHANG S F, et al. Multicolor output and shape controlled synthesis of lanthanide - ion doped fluorides upconversion nanoparticles[J]. Dalton Transactions, 2011, 40(13): 3305.

[66] MAI H X, ZHANG Y W, SUN L D, et al. Highly efficient multicolor up - conversion emissions and their mechanisms of monodisperse $NaYF_4$:Yb, Er core and core/shell - structured nanocrystals[J]. Journal of Physical Chemistry C, 2007, 111(37): 13721.

[67] NIU W B, WU S L, ZHANG S F. A facile and general approach for the multicolor tuning of lanthanide - ion doped $NaYF_4$ upconversion nanoparticles within a fixed composition[J]. Journal Materials Chemistry, 2010, 20(41): 9113.

[68] OSTROWSKI A D, CHAN E M, GARGAS D J, et al. Controlled synthesis and single - particle imaging of bright, sub - 10 nm lanthanide - doped upconverting nanocrystals[J]. ACS Nano, 2012, 6(3): 2686.

[69] ZHANG H, LI Y J, LIN Y C, et al. Composition tuning the upconversion emission in $NaYF_4$:Yb/Tm hexaplate nanocrystals[J]. Nanoscale, 2011, 3(3): 963.

[70] SHAN J N, CHEN J B, MENG J, et al. Biofunctionalization, cytotoxicity, and cell uptake of lanthanide doped hydrophobically ligand $NaYF_4$ upconversion nanophosphors[J]. Journal of Applied Physics, 2008, 104(9): 094308.

[71] CHEN G Y, SHEN J, OHULCHANSKYY T Y, et al. (alpha - $NaYbF_4$: Tm^{3+})/CaF_2 core/shell nanoparticles with efficient near - infrared to near - infrared upconversion for high - contrast deep tissue bioimaging[J]. ACS Nano, 2012, 6(9): 8280.

[72] LIM S F, RIEHN R, RYE W S, et al. In vivo and scanning electron micros-

copy imaging of upconverting nanophosphors in caenorhabditis elegans[J]. Nano Letters, 2006, 6(2): 169.

[73] CHEN J, GUO C R, WANG M, et al. Controllable synthesis of $NaYF_4$: Yb, Er upconversion nanophosphors and their application to in vivo imaging of caenorhabditis elegans[J]. Journal of Materials Chemistry, 2011, 21(8): 2632.

[74] NYK M, KUMAR R, OHULCHANSKYY T Y, et al. High contrast in vitro and in vivo photoluminescence bioimaging using near infrared to near infrared up-conversion in Tm^{3+} and Yb^{3+} doped fluoride nanophosphors[J]. Nano Letters, 2008, 8(11): 3834.

[75] ZHOU J, SUN Y, DU X X, et al. Dual-modality in vivo imaging using rare-earth nanocrystals with near-infrared to near-infrared (NIR-to-NIR) upconversion luminescence and magnetic resonance properties[J]. Biomaterials, 2010, 31(12): 3287.

[76] LUITEL H N, CHAND R, HAMAJIMA H, et al. Highly efficient NIR to NIR upconversion of $ZnMoO_4$: Tm^{3+}, Yb^{3+} phosphors and their application in biological imaging of deep tumors[J]. Journal of Materials Chemistry B, 2016, 4(37): 6192.

[77] HAN G M, JIANG H X, HUO Y F, et al. Simple synthesis of amino acid-functionalized hydrophilic upconversion nanoparticles capped with both carboxyl and amino groups for bimodal imaging[J]. Journal of Materials Chemistry B, 2016(4): 3351.

[78] YANG T S, SUN Y, LIU Q, et al. Cubic sub-20 nm $NaLuF_4$-based upconversion nanophosphors for high-contrast bioimaging in different animal species[J]. Biomaterials, 2012, 33(14): 3733.

[79] LIU J, ZHAO Y W, ZHAO J Q, et al. Two-photon excitation studies of hypocrellins for photodynamic therapy[J]. Journal of Photochemistry and Photobiology B-Biology, 2002, 68(2-3): 156.

[80] GUO Y Y, KUMAR M, ZHANG P. Nanoparticle-based photosensitizers under CW infrared excitation[J]. Chemistry Materials, 2007, 19(25): 6071.

[81] CHEN F, ZHANG S J, BU W B, et al. A uniform sub-50 nm-sized magnetic/upconversion fluorescent bimodal imaging agent capable of generating singlet oxygen by using a 980 nm laser[J]. Chemistry-A European

Journal, 2012, 18(23): 7082.

[82] GUO H C, QIAN H S, IDRIS N M, et al. Singlet oxygen – induced apoptosis of cancer cells using upconversion fluorescent nanoparticles as a carrier of photosensitizer[J]. Nanomedicine Nanotechnology Biology and Medicine, 2010, 6(3): 486.

[83] LIM M E, LEE Y L, ZHANG Y, et al. Photodynamic inactivation of viruses using upconversion nanoparticles [J]. Biomaterials, 2012, 33 (6): 1912.

[84] CHATTERJEE D K, ZHANG Y. Upconverting nanoparticles as nanotransducers for photodynamic therapy in cancer cells[J]. Nanomedicine, 2008, 3(1): 73.

[85] WANG C, TAO H Q, CHENG L, et al. Near – infrared light induced in vivo photodynamic therapy of cancer based on upconversion nanoparticles[J]. Biomaterials, 2011, 32(26): 6145.

[86] CUI S S, CHEN H Y, ZHU H Y, et al. Amphiphilic chitosan modified upconversion nanoparticles for in vivo photodynamic therapy induced by near – infrared light [J]. Journal of Materials Chemistry, 2012, 22 (11): 4861.

[87] ZHAO Z X, HAN Y N, LIN C H, et al. Multifunctional core – shell upconverting nanoparticles for imaging and photodynamic therapy of liver cancer cells[J]. Chemistry – An Asian Journal, 2012, 7(4): 830.

[88] QIAO X F, ZHOU J C, XIAO J W, et al. Triple – functional core – shell structured upconversion luminescent nanoparticles covalently grafted with photosensitizer for luminescent, magnetic resonance imaging and photodynamic therapy in vitro[J]. Nanoscale, 2012, 4(15): 4611.

[89] LIU K, LIU X, ZENG Q, et al. Covalently assembled NIR nanoplatform for simultaneous fluorescence imaging and photodynamic therapy of cancer cells[J]. ACS Nano, 2012, 6(5): 4054.

[90] SHAN J N, KONG W J, WEI R, et al. An investigation of the thermal sensitivity and stability of the beta – $NaYF_4$: Yb, Er upconversion nanophosphors[J]. Journal of Applied Physics, 2010, 107(5): 054901.

[91] DONG N N, PEDRONI M, PICCINELLI F, et al. NIR – to – NIR two – photon excited CaF_2: Tm^{3+}, Yb^{3+} nanoparticles: multifunctional nanoprobes for highly penetrating fluorescence bio – imaging[J]. ACS Nano, 2011, 5

(11), 8665.

[92] DONG B, CAO B S, HE Y Y, et al. Temperature sensing and in vivo imaging by molybdenum sensitized visible upconversion luminescence of rare-earth oxides[J]. Advanced Materials, 2012, 24(15): 1987.

[93] LI D Y, WANG Y X, ZHANG X R, et al. Optical temperature sensor through infrared excited blue upconversion emission in Tm^{3+}/Yb^{3+} codoped Y_2O_3[J]. Optics Communication, 2012, 285(7): 1925.

[94] WANG X, KONG X G, YU Y, et al. Effect of annealing on upconversion luminescence of $ZnO:Er^{3+}$ nanocrystals and high thermal sensitivity[J]. Journal of Physical Chemistry C, 2007, 111(41): 15119.

[95] VETRONE F, NACCACHE R, ZAMARRON A, et al. Temperature sensing using fluorescent nanothermometers[J]. ACS Nano, 2010, 4(6): 3254.

[96] SUN L N, PENG H S, STICH M I J, et al. PH sensor based on upconverting luminescent lanthanide nanorods[J]. Chemical Communications, 2009, 7(33): 5000.

[97] ZHANG S Z, SUN L D, TIAN H, et al. Reversible luminescence switching of $NaYF_4$:Yb, Er nanoparticles with controlled assembly of gold nanoparticles[J]. Chemical Communications, 2009, 14(18): 2547.

[98] ALI R, SALEH S M, MEIER R J, et al. Upconverting nanoparticle based Optical sensor for carbon dioxide[J]. Sensors and Actuators B - Chemical, 2010, 150(1): 126.

[99] CHEN H, REN J. Sensitive determination of chromium (VI) based on the inner filter effect of upconversion luminescent nanoparticles ($NaYF_4$:Yb^{3+}, Er^{3+})[J]. Talanta, 2012, 99(15): 404.

[100] ZHANG P, ROGELJ S, NGUYEN K, et al. Design of a highly sensitive and specific nucleotide sensor based on photon upconverting particles[J]. Journal of American Chemical Society, 2006, 128(38): 12410.

[101] LIU J, CHENG J, ZHANG Y. Upconversion nanoparticle based LRET system for sensitive detection of MRSA DNA sequence[J]. Biosensors & Bioelectronics, 2013, 43(1): 252-256.

[102] RANTANEN T, JARVENPAA M L, VUOJOLA J, et al. Upconverting phosphors in a dual-parameter LRET-based hybridization assay[J]. Analyst, 2009, 134(8): 1713.

[103] KUMAR M, ZHANG P. Highly sensitive and selective label-free optical detection of DNA hybridization based on photon upconverting nanoparticles [J]. Langmuir, 2009, 25(11): 6024.

[104] RANTANEN T, PAKKILA H, JAMSEN L, et al. Tandem dye acceptor used to enhance upconversion fluorescence resonance energy transfer in homogeneous assays[J]. Analytical Chemistry, 2007, 79(16): 6312.

[105] LU F, YANG L, DING Y J, et al. Highly emissive Nd^{3+}-sensitized multilayered upconversion nanoparticles for efcient 795 nm operated photodynamic therapy [J]. Advanced Functional Materials, 2016, 26(26): 4778.

[106] LIU X M, QUE I, KONG X G, et al. In vivo 808 nm image-guided photodynamic therapy based on an upconversion theranostic nanoplatform[J]. Nanoscale, 2015, 7(36): 14914.

[107] LIU B, LI C X, XING B G, et al. Multifunctional UCNPs@PDA-ICG nanocomposites for upconversion imaging and combined photothermal/photodynamic therapy with enhanced antitumor efficacy[J]. Journal Of Materials Chemistry B, 2016, 4(28): 4884.

[108] XU B, ZHANG X, HUANG W J, et al. Nd^{3+} sensitized dumbbell-like upconversion nanoparticles for photodynamic therapy application[J]. Journal of Materials Chemistry B, 2016, 4(16): 2776.

[109] LIU Y Y, LIU Y, BU W B, et al. Hypoxia induced by upconversion-based photodynamic therapy: towards highly effective synergistic bioreductive therapy in tumors[J]. Angewandte Chemie-International Edition, 2015, 54(28): 8105.

[110] STOUWDAM J W, HEBBINK G A, HUSKENS J, et al. Lanthanide-doped nanoparticles with excellent luminescent properties in organic media [J]. Chemistry of Materials, 2003, 15(24): 4604.

[111] BOYER J C, GAGNON J, CUCCIA L A, et al. Synthesis, characterization, and spectroscopy of $NaGdF_4:Ce^{3+},Tb^{3+}/NaYF_4$ core/shell nanoparticles[J]. Chemistry of Materials, 2007, 19(14): 3358.

[112] KIM S Y, WOO K, LIM K, et al. Highly bright multicolor tunable ultrasmall $Na(Y,Gd)F_4:Ce,Tb,Eu/\beta-NaYF_4$ core/shell nanocrystals[J]. Nanoscale, 2013, 5(19): 9255-9263.

[113] QIN Y, DONG Z L, ZHOU D C, et al. Modification on populating paths

of beta − NaYF$_4$:Nd/Yb/Ho@ SiO2@ Ag core/double − shell nanocomposites with plasmon enhanced upconversion emission[J]. Optical Materials Express, 2016, 6(6): 1942.

[114] KARVIANTO, CHOW G M. The effects of surface and surface coatings on fluorescence properties of hollow NaYF$_4$:Yb, Er upconversion nanoparticles[J]. Journal of Materials Research, 2011, 26(1): 70.

[115] DORMAN J A, CHOI J H, KUZMANICH G, et al. Elucidating the effects of a rare − earth oxide shell on the luminescence dynamics of Er^{3+}:Y_2O_3 nanoparticles [J]. Journal of Physical Chemistry C, 2012, 116 (18): 10333.

[116] QIAN L P, YUAN D, YI G S, et al. Critical shell thickness and emission enhancement of NaYF$_4$:Yb, Er/NaYF$_4$/silica core/shell/shell nanoparticles[J]. Journal of Materials Research, 2009, 24(12): 3559 − 3568.

[117] LIU L X, QIN F, ZHAO H, et al. Shell thickness dependence of upconversion luminescence of β − NaYF$_4$:Yb, Er/β − NaYF$_4$ core − shell nanocrystals[J]. Optics Letters, 2013, 38(12): 2101 − 2103.

[118] ZHANG F, CHE R C, LI X M, et al. Direct imaging the upconversion nanocrystal core/shell structure at the subnanometer level: shell thickness dependence in upconverting optical properties[J]. Nano Letters, 2012, 12(6): 2852.

[119] GUO H, LI Z Q, QIAN H S, et al. Seed − mediated synthesis of NaYF$_4$:Yb, Er/NaGdF$_4$ nanocrystals with improved upconversion fluorescence and MR relaxivity[J]. Nanotechnology, 2010, 21(12): 125602.

[120] BERRY M T, MAY P S. Disputed mechanism for NIR − to − red upconversion luminescence in NaYF$_4$:Yb^{3+},Er^{3+} [J]. Journal of Physical Chemistry A, 2015, 119(38): 9805.

[121] PAGE R H, SCHAFFERS K I, WAIDE P A, et al. Upconversion − pumped luminescence efficiency of rare − earth − doped hosts sensitized with trivalent ytterbium[J]. Journal of the Optical Society America B, 1998, 15(3): 996.

[122] BOGDAN N, RODRGUEZ E M, SANZ − RODRIGUEZ F, et al. Bio − functionalization of ligand − free upconverting lanthanide doped nanoparticles for bio − imaging and cell targeting [J]. Nanoscale, 2012, 4 (12): 3647.

[123] FREY H G, WITT S, FELDERER K, et al. High-resolution imaging of single fluorescent molecules with the optical near-field of a metal tip[J]. Physical Review Letters, 2004, 93(20): 200801.

[124] XU Y Y, XIANG J, ZHAO H, et al. Human amniotic fluid stem cells labeled with up-conversion nanoparticles for imaging-monitored repairing of acute lung injury[J]. Biomaterials, 2016(100): 91.

[125] CHEN G Y, OHULCHANSKYY T Y, LIU S, et al. Core/shell $NaGdF_4$: Nd^{3+}/$NaGdF_4$ nanocrystals with efficient near-infrared to near-infrared downconversion photoluminescence for bioimaging applications[J]. ACS Nano, 2012, 6(4): 2969.

[126] KHAYDUKOV E V, MIRONOVA K E, SEMCHISHEN V A, et al. Riboflavin photoactivation by upconversion nanoparticles for cancer treatment[J]. Scientific Reports, 2016(6): 35103.

[127] WONG H T, CHAN H L W, HAO J H. Towards pure near-infrared to near-infrared upconversion of multifunctional GdF_3:Yb^{3+},Tm^{3+} nanoparticles[J]. Optics Experss, 2010, 18(6), 6123.

[128] PROROK K, GNACH A, BEDNARKIEWICZ A, et al. Energy upconversion in Tb^{3+}/Yb^{3+} codoped colloidal alpha-$NaYF_4$ nanocrystals[J]. Journal of Luminescence, 2013(140): 103.

[129] MELLO J C, WITTMANN H F, FRIEND R H. An improved experimental determination of external photoluminescence quantum efficiency[J]. Advanced Materials, 1997, 9(3): 230.

[130] VAN STAVEREN H J, MODE C J M, VAN MARLE J, et al. Light scattering in intralipid-10% in the wavelength range of 400-1100 nm[J]. Applied Optics, 1991, 30(31): 4507.

[131] ALAM M M, BOLZE F, DANIEL C, et al. π-extended diketopyrrolopyrrole-porphyrin arrays: one- and two-photon photophysical investigations and theoretical studies[J]. Physical Chemistry Chemical Physics, 2016, 18(31): 21954.

[132] STERNBERG E D, DOLPHIN D. Porphyrin-based photosensitizers for use in photodynamic therapy[J]. Tetrahedron, 1998, 54(17): 4151.

[133] TIAN G, REN W L, YAN L, et al. Red-emitting upconverting nanoparticles for photodynamic therapy in cancer cells under near-infrared exci-

tation[J]. Small, 2013, 9(11): 1929.

[134] PAWLICKI M, COLLINS H A, DENNING R G, et al. Two-photon absorption and the design of two-photon dyes[J]. Angewandte Chemie International Edition, 2009(48): 3244.

[135] COLLINS H A, KURANA M, MORIYAMA E H, et al. Blood-vessel closure using photosensitizers engineered for two-photon excitation[J]. Nature Photonics, 2008(2): 420.

[136] BAKALOVA R, OHBA H, ZHELEV Z, et al. Quantum dots as photosensitizers?[J]. Nature Biotechnology, 2004, 22(11): 1360.

[137] WANG P, QIN F, WANG L, et al. Luminescence and photosensitivity of gadolinium labeled hematoporphyrin monomethyl ether[J]. Optics Express, 2014, 22(3): 2414.

[138] WANG P, QIN F, ZHANG Z G, et al. Quantitative monitoring of the level of singlet oxygen using luminescence spectra of phosphorescent photosensitizer[J]. Optics Express, 2015, 23(18): 22991.

[139] WANG Y, LIU K, LIU X M, et al. Critical shell thickness of core/shell upconversion luminescence nanoplatform for FRET application[J]. Journal of Physical Chemistry Letters, 2011, 2(17): 2083.

[140] HENDERSON B W, DOUGHERTY T J. How does photodynamic therapy work?[J]. Photochemistry and Photobiology, 1992, 55(1): 145.

[141] CHEN Z G, CHEN H L, HU H, et al. A versatile synthesis strategy for carboxylic acid-functionalized upconverting nanophosphors as biological labels[J]. Journal of the American Chemical Society, 2008, 130(10): 3023.

[142] NACCACHE R, RAFIK V, FIORENZO M, et al. Controlled synthesis and water dispersibility of hexagonal phase $NaGdF_4:Ho^{3+}/Yb^{3+}$ nanoparticles[J]. Chemistry of Materials, 2009, 21(4): 717.

[143] WILHELM S, HIRSCH T, PATTERSON W M, et al. Multicolor upconversion nanoparticles for protein conjugation[J]. Theranostics, 2013, 3(4): 239.

[144] CHEN L, YANG K, ZHANG S, et al. Highly-sensitive multiplexed in vivo imaging using PEGylated upconversion nanoparticles[J]. Nano Research, 2010, 3(10): 722.

[145] REN W L, TIAN G, JIAN S, et al. TWEEN coated $NaYF_4$:Yb,Er/$NaYF_4$ core/shell upconversion nanoparticles for bioimaging and drug delivery[J]. RSC Advances, 2012, 2(18): 7037.

致 谢

本书是在导师张治国教授的悉心指导下完成的。从创新性思想的提出到实验方案设计、实验过程操作、实验结果分析，以及论文的写作，张老师都对我进行了全面悉心的指导。在这些科研经历和实践中，张老师勇于创新、实事求是、孜孜不倦的科研精神，以及生活中热情、执着、自信的人生态度让我受用终生。感谢老师这些年在我科研及生活中的指导、关心、教诲、鞭策，就像一盏明灯，照亮我前方的路。老师的批评，老师的鼓励，老师的坚定，都会让学生不断前行。

感谢曹文武教授对本书的帮助，以及在科研工作中对我的鼓励。感谢姜桂铖老师在科研中的帮助。感谢哈尔滨工业大学基础交叉学院胡铮老师以及边浪博士在动物实验中的帮助。

感谢我的硕士导师哈尔滨师范大学校长张喜田教授对我科研上的鼓励和指导，以及生活上的关心，您严谨的科学态度及拼搏的工作态度，始终是学生学习的榜样。同时也感谢哈尔滨师范大学物理与电子工程学院院长高红教授对我学习和生活上的帮助和关心，也要感谢哈尔滨师范大学国家重点实验室在测试方面的支持。

感谢上海第二军医大学陈素老师、姜东杰博士及钟南哲博士在细胞培养，光动力治疗过程中的参与和帮助，也感谢你们在生活中的照顾和精神上的鼓励。

感谢哈尔滨医科大学田震老师及李贺师弟在活体实验中的帮助。感谢哈尔滨医科大学第四附属医院毕良佳教授及王月萍师妹在体外近红外光动力治疗过程中的帮助。同时感谢孙晔教授、杨彬教授及张锐教授等带领的课题组在样品制备过程中的帮助。

感谢课题组的所有老师和同学们，有你们的陪伴和帮助，让我的生活变得更精彩。感谢郑仰东老师在学习和生活中的关心和鼓励，我认为你是我的良师益友。感谢秦峰师哥在科研中的关心和帮助。感谢我的师妹师弟们，杨欣、徐健、金慧凝、冯明月、夏淳，感谢你们在我工作中的帮助和陪伴。感谢王鹏博士在科研中的帮助，同时感谢马栎敏、刘丽欣、虞佳、赵慧敏、周圆、周雪、王琳、刘婷、王慧娟等在科研和生活中的陪伴、关心、鼓励。也要感谢实验室的梁璋、臧立新、裴胜海、李磊鹏等师弟在科研中的支持和帮助。

感谢物理系韩玲老师、金美花老师和博士生协理员曲伟老师在学业和生活上的关心和帮助。

感谢我的父母一路上的鼓励,感谢你们让我有机会接受这么好的教育,你们不辞辛苦,默默为我付出,你们的鼓励是我前进的最大动力。

感谢我的丈夫王启宇先生,感谢你对我科研工作的支持和理解,感谢你在生活中的照顾和关心。在我无助和困惑的时候,有你的存在,让我觉得更有力量,感谢你给了我一个温暖的家。